Das große SINGER®
Nähbuch

Grundlagen & Techniken

Eva-Maria Heller

Inhalt

Ausstattung und Basics

Die Nähmaschine	4
Zubehör	6
Werkzeuge	8
Rund um den Arbeitsplatz	10
Stoffe	11
Futter und Einlagen	17
Maßnehmen leicht gemacht	18
Schnittvorlagen und Zuschneiden	20

Nähtechniken

Hand- und Maschinenstiche	24
Nähprojekt Tischset	27
Nähte	28
Nähprojekt Jeansschmuck	31
Kanten versäubern	36
Säume	38
Nähprojekt Schal	39
Kragen und Halsabschlüsse	41
Ärmel	46
Taillenbund	50
Abnäher und Falten	52
Taschen	54
Verschlüsse	56
Nähprojekt Kissen	59

Selbst ist die Frau

Änderungen und Reparaturen	60
Register, Bildnachweis	64

Die neue Lust am Nähen

Viele haben sie schon für sich entdeckt: die Lust am Nähen. Und damit den Spaß am Experimentieren und das Entdecken der eigenen Kreativität. Das Spiel mit Nadel, Faden und Nähmaschine ist hochaktuell und setzt nicht nur Grundkenntnisse und ein gewisses Geschick voraus, sondern vor allem den Wunsch, etwas Individuelles schaffen zu wollen und am Schluss, wenn das Werk vollbracht ist, das gute Gefühl zu verspüren, dass man etwas fertiggebracht hat, das unverwechselbar und einzigartig ist.

Diese Nähschule dient als Standardwerk für all diejenigen, die neu einsteigen wollen oder ihr Wissen wieder auffrischen möchten. Leicht verständlich und anschaulich in Wort und Bild präsentiert das Buch die wichtigsten Techniken sowie wertvolle Tipps rund ums Nähen. Lust aufs Ausprobieren machen zudem erste Nähprojekte, die garantiert gelingen.

Wer gleich richtig modisch einsteigen möchte, sollte zum Start mit Schnitten für Anfänger beginnen, die es als Fertigschnitte gibt. Achten Sie dabei auf den angegebenen Schwierigkeitsgrad: 1 und 2 sind für Einsteiger machbar. Jetzt fehlen nur noch ein schöner Stoff, der passende Faden, eine funktionelle Nähmaschine und gegebenenfalls das nötige Zubehör, und schon steht Ihrem Erfolg nichts mehr im Weg. Übrigens: Nähen kann man nicht nur zu Hause! Immer mehr Frauen jeden Alters treffen sich heute in Näh-Communitys. Vielleicht gibt es ja auch in Ihrer Stadt einen Nähtreff oder ein Nähcafé. Wenn nicht, fragen Sie doch Ihre Freundinnen, ob sie nicht Lust haben, mitzumachen und gemeinsam die neue Lust am Nähen zu entdecken.

Viel Spaß und natürlich maximalen Erfolg
wünscht Ihnen

Ihre Redaktion

Die Nähmaschine

Erfunden wurde die erste Nähmaschine gegen Ende des 18. Jahrhunderts – damals bahnbrechend. Glücklicherweise haben die modernen Nähmaschinen kaum mehr Ähnlichkeit mit der Technik von damals. Mit ihnen wird die Näharbeit heute zum reinsten Vergnügen.

Heutzutage sind die am meisten verbreiteten Nähmaschinen eine Kombination aus Sockel- und Freiarmnähmaschine. Sie werden im Koffer angeboten und benötigen einen relativ niedrigen Arbeitstisch, da sich die Arbeitsfläche durch den Sockel erhöht. Durch den Freiarm wird das Nähen an schwer zugänglichen Stellen wie Hosenbeinen und Ärmeln ermöglicht. Etwas seltener sind Flachbettnähmaschinen anzutreffen, die in einen Nähtisch oder -schrank eingebaut sind. Angetrieben werden die Maschinen durch Elektromotoren, die über ein Fußpedal in Gang gesetzt werden. Durch das Fußpedal lässt sich auch die Nähgeschwindigkeit regeln.

Wenn Sie die Neuanschaffung einer Nähmaschine in Erwägung ziehen, sollte diese in jedem Fall mit diversen Nutzstichen wie Gerad-, Zickzack-, Hohlsaum-, Overlockstich, verschiedenen Stretchstichen, einigen Zierstichen und mit einem vollautomatischen Knopfloch ausgerüstet sein. Erfüllt Ihre Maschine diese Anforderungen, dann können Sie ohne Einschränkungen loslegen.

Bedienelemente und deren Funktion

1 Mit dem Rad wählen Sie die Stichlänge von 0–5 mm in beliebigen Schritten.

2 Wählrad mit der Auswahl der Stiche.

3 Das Handrad ermöglicht es, einzelne Stiche durch Drehen mit der Hand zu nähen.

4 Hier wird die Unterfadenspule mit dem gewünschten Garn gewickelt.

5 Hier können Sie die Stichbreite, z.B. beim Zickzackstich variieren.

6 Der automatische Fadeneinfädler erleichtert das Einfädeln ins Nadelöhr.

7 Der Anschiebetisch hält das Nähzubehör griffbereit, dahinter wird die Unterfadenspule eingesetzt.

8 Einstellrad für die Oberfadenspannung.

9 Rücktaste, solange Sie drücken, näht die Maschine den eingestellten Stich zurück, um Nahtanfang und -ende zu sichern.

Einfädeln des Oberfadens

a Die Garnspule wird auf den Dorn aufgesetzt.

b Der Faden wird von hinten nach vorne über die Fadenführungsöse gezogen.

c Der Faden wird weiter nach unten von rechts nach links über die Fadenspannung gelegt.

d Den Faden von rechts nach links über den Fadenführer ziehen.

e Mit dem Einfädler den Faden ins Nadelöhr fädeln.

Um die Unterfadenspule aufzuwickeln, setzen Sie die Spule auf den Dorn. Den Faden ziehen Sie vom Garnhalter zur Spule, wickeln den Faden einige Male um die Spule und drücken den Spulknopf nach links zur Spule. Nun geben Sie Gas mit dem Fußpedal und der Faden wird automatisch auf die Spule gewickelt. Die Spule in die Spulenkapsel einlegen und diese in das Gehäuse hinter dem Anschiebetisch einklicken.

Ober- und Unterfaden

Die Regulierung der Ober- und Unterfadenspannung ist wichtig für ein optimales Nahtbild. Optimal liegt die Verschlingung von Ober- und Unterfaden genau zwischen den Stofflagen des Nähstückes.

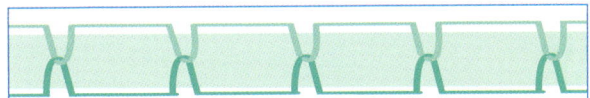

Ist die Oberfadenspannung zu fest eingestellt, liegt der Oberfaden flach auf der Nahtoberfläche. Die Schlinge wird auf der Stoffoberfläche gebildet.

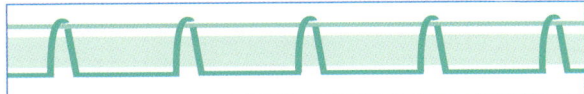

Ist die Oberfadenspannung zu locker eingestellt, verläuft der Unterfaden gespannt unter dem Nähgut. Der Oberfaden bildet die Schlinge unter dem Nähgut.

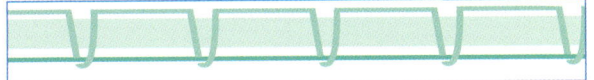

Zubehör

Mit dem Kauf einer Nähmaschine erhalten Sie als Grundausstattung verschiedene Nähfüß-chen. Ergänzend dazu gibt es weitere Füßchen, mit denen sich bestimmte Nähtechniken leichter ausführen lassen bzw. die mehr kreative Möglichkeiten bieten.

Grundausstattung

Viele Zubehörteile sind in der Regel im Lieferumfang einer Nähmaschine erhalten, da sie speziell auf die Maschine zugeschnitten sind und immer wieder, auch für die Instandhaltung, benötigt werden.

Mit einem kleinen Schraubendreher lässt sich z.B. die Spannung der Unterspulenkapsel regulieren, ein Flusenpinsel mit Kunststoffhaaren wird zum Entfernen der Stoffflusen an der Maschine gebraucht. Für die Wartung einiger Maschinen wird Maschinenöl benötigt, das sich in einem kleinen Fläschchen befindet. Im Zubehörfach finden Sie auch Ersatznadeln für die Nähmaschine und einige leere Unterspulenkapseln.

Verschiedene Nähfüße

Nahtverdeckter Reißverschlussfuß

Reißverschlüsse, die in der Naht „verschwinden", lassen sich mit diesem Fuß perfekt einnähen. Der Fuß drückt mit seinen Rillen den Reißverschluss

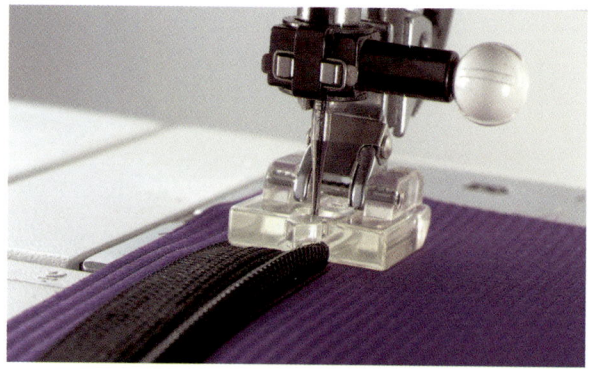
Nahtverdeckter Reißverschlussfuß

auseinander, dabei wird die Einsatznaht genau an der richtigen Stelle auf dem Reißverschlussbänd-chen platziert. Der Fuß ist auch als Universal-Fuß für viele verschiedene Maschinen erhältlich.

Stick- und Stopffuß

Beim Sticken und Stopfen wird der Transporteur versenkt. Da die Stichlänge nicht mehr vorgegeben wird, bestimmten Sie durch freies Führen des Stoffes die Breite und die Stichdichte mit der Nähgeschwindigkeit. Mit dem offenen Nähfuß haben Sie freie Sicht auf den darunterliegenden Stoff, geradezu ideal, wenn Sie ein Loch in einer Hose stopfen oder das Loch mit einem Stichmotiv übersticken und gleichzeitig schließen wollen.

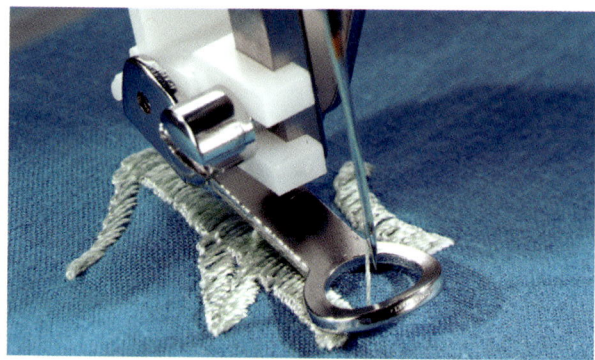
Stick- und Stopffuß

Overlockfuß

Optimal zum Versäubern und als Ergänzung zu den verschiedenen Overlockstichen. Eine Führungskante verhindert, dass sich die Stoffkante beim Nähen einrollt oder zusammenschiebt. Der Faden wird sauber um die Kante gelegt und die Versäuberungsnaht bleibt flach und gleichmäßig.

Overlockfuß

Zier- und Dekofuß

Zier- und Stickstiche werden dicht gestickt und brauchen mehr Platz unter dem Nähfuß, damit die Naht nicht gebremst wird. Dafür hat dieser Fuß eine Aussparung auf der Unterseite, so werden Nähte und Stiche gleichmäßig.

Zier- und Dekofuß

Kordelfuß

Ein Einlauffaden aus Baumwolle oder Kunstfaser wird in den Fuß eingefädelt. Der Faden wird auto-

Kordelfuß

matisch durch Kurven, Rundungen und Ecken mitgezogen. Durch das Übersteppen mit dichtem Zickzackstich wird die Ziernaht schön plastisch, ein toller und wirkungsvoller Effekt.

Kräuselfuß

Rüschen und Volants werden damit in einem Arbeitsgang eingereiht. Die untere Stofflage wird beim Nähen automatisch eingehalten. Je nachdem, wie stark der Oberstoff gedreht wird, ist der Grad der Kräuselung mehr oder weniger stark.

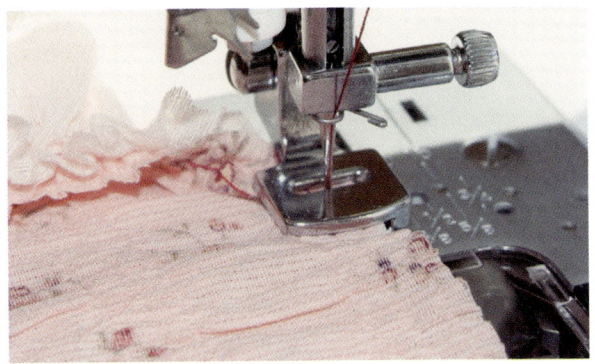

Kräuselfuß

Quilt- und Patchworkfuß

Die beim Patchwork übliche Nahtzugabe von 6 mm (1/4 inch) kann mit der Füßchenbreite des Patchworkfußes genau eingehalten werden: Der Universalnähfuß ist 5 mm breit. So treffen die Stoffteile an den Ecken genau aufeinander, ohne lästiges Aufzeichnen der Nahtbreite.

Quilt- und Patchworkfuß

Werkzeuge

Eine Grundausrüstung an Zubehör sollten Sie sich in jedem Fall zulegen, denn diese erleichtert die Arbeit. Um alles griffbereit zur Hand zu haben, bietet sich ein Nähkoffer oder ein Werkzeugkasten aus Kunststoff an (z.B. aus dem Baumarkt), in dem Sie alles übersichtlich verstauen können.

Scheren

Ob zum Ausschneiden des Papierschnittes oder zum Zuschneiden des Stoffes – die Schere ist ein wichtiges Utensil.

Eine Papierschere, die Sie für die Papierschnittteile brauchen, ist in jedem Haushalt vorhanden. Bei einer Zuschneideschere (1) dagegen ist das untere Scherenblatt so angelegt, dass es beim Schneiden flach auf der Arbeitsfläche aufliegt. Dadurch bleibt der Stoff glatt liegen, und die Schere gleitet leicht über die Unterlage. Wichtig ist, dass eine Stoffschere ausschließlich für Stoffe verwendet wird. Denn wird einmal Papier oder gar Karton damit zugeschnitten, ist Ihre Zuschneideschere für alle Zeiten für Stoff ungeeignet und zieht beim Schneiden Fäden. Eine Zackenschere (2), mit der Sie fest gewebte Stoffe ohne Zickzacknaht versäubern können, ist manchmal hilfreich, aber nicht von Anfang an notwendig. Für das Abschneiden der Fäden beim Nähen ist eine kleine Schere, z.B. eine Stickschere (3), sehr praktisch, da die große Zuschneideschere dafür zu schwer und unhandlich ist. Auch ein Fadenknipser (4), der griffbereit neben der Maschine liegt, leistet gute Dienste beim Abschneiden, Auftrennen oder Einknipsen einer Nahtzugabe.

Näh- und Stecknadeln

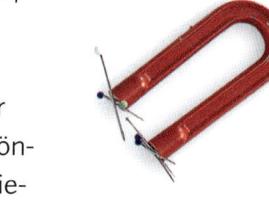

Trotz Nähmaschine müssen manche Nähte wie Säume oder Heftnähte von Hand ausgeführt werden. Dafür sollten Sie sich einen Satz Nähnadeln zulegen, die sowohl unterschiedlich lang als auch dick sind. Grundsätzlich gilt: Je feiner der Stoff, umso dünner, je länger der Stich, umso länger sollte die Nadel sein. Zweifellos sind Stecknadeln bei der Näharbeit unentbehrlich. Eine persönliche Vorliebe entscheidet, ob Sie lieber Stecknadeln mit oder ohne Glaskopf verwenden. Für besonders dicke und flauschige Näharbeiten sind die längeren Schwesternnadeln zum Stecken äußerst hilfreich. Auch Sicherheitsnadeln werden häufig gebraucht.

Nähmaschinennadeln

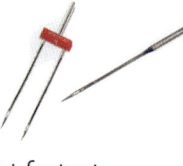

Sorgen Sie dafür, dass Sie immer einen Satz Universalnadeln in verschiedenen Stärken parat haben. Nichts ist schlimmer, als eine Näharbeit am Abend oder Wochenende nicht fortsetzen zu können, weil die Nadel abgebrochen und kein Ersatz vorhanden ist. Für die verschiedensten Stoffarten gibt es außerdem Spezialnadeln, deren Anschaffung äußerst sinnvoll ist. Jerseynadeln haben beispielsweise eine gerundete Spitze, die keine Löcher in die Maschenware reißt. Jeansnadeln hingegen sind besonders stabil und brechen nicht bei mehrfachen und dicken Stofflagen. Zwillingsnadeln sind beim Absteppen dehnbarer Stoffe hilfreich, und Ledernadeln wiederum sind speziell geschliffen, sodass sie nur ein sehr kleines Loch im Leder hinterlassen.

Nähgarne

Die Wahl zwischen den Materialien Baumwolle, Seide und Kunstfaser ist abhängig vom Verwendungszweck. Allesnäher sind aus Kunstfaser, seit kurzem gibt es auch recyceltes Nähgarn mit den gleichen Eigenschaften wie die Kunstfasergarne. Diese laufen beim Waschen nicht ein und passen sich jedem Grundmaterial an.

Maßband

Zum Maßnehmen ist ein Maßband unentbehrlich. Es sollte weich und biegsam sein, sich aber keinesfalls dehnen. Um Umfänge wie Taille oder Hüfte auszumessen, ist ein spezielles Taillenmaßband besonders gut geeignet. Es ist mit einem Schieber ausgestattet, in dem sich ein zugehöriger Haken einhängen lässt. In der Aussparung des Schiebers lässt sich das genaue Weitenmaß ablesen. Zum Ausmessen von Säumen und Knopflöchern ist ein Handmaß oder als Ersatz ein kurzes Lineal am besten geeignet.

Schneiderkreide

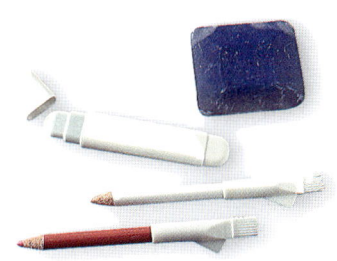

Verwenden Sie zum Markieren Kreide in Form von Stiften oder kleinen, an den Kanten zugespitzten Blöcken. Markieren Sie den Stoff aber stets auf der linken, das heißt der später nach außen nicht sichtbaren Stoffseite. Wenn Sie den Stoff sofort weiterverarbeiten, können Sie auch einen sogenannten Trickmarker verwenden. Dieser wird nach einiger Zeit unsichtbar.

Schnitt- und Kopierpapier

Möchten Sie einen Schnitt von einem Schnittbogen abnehmen, das heißt kopieren und auf Papier übertragen, benötigen Sie Schneiderkopierpapier. Es ist in der Größe der geläufigen Schnittbögen erhältlich und auf einer Seite gelb oder orange beschichtet. Für den Papierschnitt benötigen Sie Schnittpapier, das ist dünnes, weißes Seidenpapier, erhältlich in der Kurzwarenabteilung.

Kopierrädchen

Ein Kopierrädchen mit einem Rad ist unbedingt nötig, um die Schnittkonturen, Markierungen und z.B. Abnäher auf den Stoff zu übertragen. Mit dem Kopierrädchen fahren Sie mit leichtem Druck die Schnittkonturen und -markierungen nach und übertragen sie damit mit dem untergelegten Kopierpapier auf den Stoff. Können Sie ein zweites Rädchen in variabler Nahtzugabenbreite aufstecken, werden gleichzeitig exakt die Nahtzugaben mit abgebildet.

Rund um den Arbeitsplatz

Ein fester Platz zum Nähen mit einer guten Ausstattung ist für jede Hobbyschneiderin ein Traum. Selbst wenn dieser Raum nicht vorhanden ist, können Sie mit ein paar Handgriffen den Küchen- oder Schreibtisch zum Näh- und Zuschneidetisch umgestalten.

Näh- und Zuschneidetisch

Optimal ist ein Tisch, auf dem die Nähmaschine steht, ergänzt von einem größeren Zuschneidetisch, der ca. 80 cm breit ist. Darauf können Sie die Schnitte vom Bogen kopieren, außerdem lässt sich darauf auch 140 cm breiter Stoff, der immer doppelt liegt, gut ausbreiten. Ist kein größerer Tisch vorhanden, ziehen Sie zum Zuschneiden auf den Boden um. Das erfordert zwar eine gewisse Fitness, aber so lässt sich der Stoff glatt auslegen. Stellen Sie das Bügelbrett in unmittelbarer Nähe Ihrer Nähmaschine auf. So können Sie jede Naht sofort bügeln. Damit Sie Stoffe, Schnittmuster und -magazine sowie das nötige Nähzubehör immer gleich griffbereit haben, empfiehlt es sich, dieses in einem Schrank ganz in der Nähe Ihres Arbeitsplatzes aufzubewahren.

Gut, wenn Sie für Ihr Hobby einen eigenen Raum oder eine fest eingerichtete Ecke haben. Ist das nicht der Fall, dann improvisieren Sie mit dem Küchen- oder Esstisch oder Ihrem Schreibtisch. Ein Schrankfach oder ein Regal, in dem Sie die Nähmaschine und die übrigen Utensilien verstauen, wird sich in jedem Haushalt finden.

Bügeleisen

Erfahrene Schneider wissen: Gut gebügelt ist halb genäht. Nehmen Sie sich diese Regel zu Herzen. Eine gebügelte Kante ersetzt häufig eine Markierung, vorgebügelte Nahtzugaben weisen beim Nähen fast blind den Weg. Eine der wichtigsten Schritte beim Nähen ist das Bügeln nach jeder Naht, denn so verbindet sich die Naht mit dem Stoff. Erst danach die Nahtzugaben auseinander- oder in eine Richtung bügeln. Die Angaben der Nähanleitung, zusammen- oder auseinanderbügeln, sollten Sie genau beachten, nur so wird verhindert, dass am Ende möglicherweise sechs Lagen Stoff aufeinanderliegen. Hier geht es nur um wenige Millimeter, aber für das Aussehen Ihres Kleidungsstücks ist es von enormer Bedeutung.

Bügeln Sie jeden Stoff vor dem Zuschneiden so heiß wie es das Material erlaubt, und wenn möglich mit Dampf. Das ersetzt die erste Wäsche und verhindert, dass das fertig genähte Stück beim Waschen einläuft. Ein feuchtes Küchenhandtuch zwischen Stoff und Bügeleisen ersetzt den Dampfstoß. Probieren Sie immer an einem Probestoff aus, ob der Stoff den Dampf und die Temperatur verträgt.

Stoffe

Alle Stoffe basieren auf nur zwei verschiedenen Faserarten: natürlichen und synthetischen Fasern. Naturfasern sind pflanzlichen oder tierischen Ursprungs, synthetische Fasern sind das Produkt chemischer Prozesse.

Stoffe aus Naturfasern

Baumwolle

Baumwolle wird vom Baumwollstrauch gewonnen und ist luftdurchlässig, sehr strapazierfähig, reißfest und besonders hitzebeständig. Der Stoff ist außerdem extrem saugfähig, er trocknet aber auch sehr langsam. Nicht veredelte Baumwolle hat eine stumpfe Oberfläche, knittert sehr und kann stark einlaufen. Durch Veredelung wird der Stoff schrumpffrei und knitterarm. Des Weiteren wird die Faser durch eine spezielle Behandlung mit Natronlauge, dem sogenannten Merzerisieren, haltbarer und erhält einen leichten Glanz. Baumwolle ist preisgünstig, verteuert sich aber durch Veredelung und Merzerisierung.

Pflege von Baumwolle

Weiße und helle Baumwolle kann bis 95 Grad, Buntwäsche bis 60 Grad in der Maschine gewaschen werden. Feinere, veredelte Baumwollstoffe sollten Sie nicht heißer als 40 Grad waschen. Pflegeleicht ausgerüstete Baumwolle wird nach dem Waschen „glatt geschüttelt" und braucht dann nur noch mit der Einstellung „Wolle" oder gar nicht gebügelt werden. In den Trockner sollten Sie Baumwolle nur legen, wenn das Pflegeetikett es ausdrücklich erlaubt.

Leinen

Leinen knittert edel – wer kennt diesen Ausdruck nicht. Der natürliche Pflanzenleim der Fasern erzeugt das Knittern, was sich auch durch Verarbeitung oder Veredelung nicht vollkommen glätten lässt. Leinen hat eine glatte, matt glänzende Oberfläche. Es ist sehr strapazierfähig, in feuchtem Zustand extrem reißfest und wegen seiner Saugfähigkeit und Feuchtigkeitsabgabe gut für Sommerkleidung geeignet.

Pflege von Leinen

Leinen ist bei 95 Grad waschbar. Je nach Veredelung oder bei farbigem Leinen sollte aber eine niedrigere Waschtemperatur gewählt werden. Beachten Sie auch hier die Pflegehinweise des Herstellers, denn manchmal muss Leinen, besonders bei gefütterten Kleidungsstücken, gereinigt werden. Im Trockner besteht die Gefahr des Einlaufens. Bügeln lässt sich Leinen am besten in leicht feuchtem Zustand oder mit sehr viel Dampf.

Wolle

Lieferant für Wolle ist das Schaf. In geringen Mengen werden auch Tierhaare anderer Herkunft wie Kaschmir, Mohair, Angora, Alpaka, Lama oder Kamelhaar untergemischt. Die Bezeichnung „Schurwolle" darf dann verwendet werden, wenn nicht mehr als 7 % Fremdfasern enthalten sind, die Bezeichnung „Reine Schurwolle" ist nur bei einem Anteil von bis zu 0,3 % anderer Fasern möglich. Stoffe, die als „100 % Wolle", „Reine Wolle" oder „Wolle" bezeichnet werden, können aus minderwertiger Wolle oder Reißwolle bestehen, die aus benutzten Wollprodukten hergestellt werden. Ist ein Wollstoff mit dem Wollsiegel gekennzeichnet, handelt es sich um hochwertige, reine Schurwolle, die vom internationalen Wollsekretariat geprüft ist. Wolle knittert kaum, hält sehr warm und ist luftdurchlässig.

Pflege von Wolle

Wolle filzt sehr leicht, deshalb sollten Sie bei der Reinigung vorsichtig sein. Geringe Verschmutzungen oder auch Gerüche verschwinden durch gutes Auslüften nach jedem Tragen in feuchter Luft. Bei dem Herstellerhinweis „filzfreie Wolle" können Sie die Wolle mit dem Wollwaschgang in der Waschmaschine waschen, alles andere verträgt nur Handwäsche ohne rubbeln und wringen. Wolle darf nie in den Trockner, sondern wird liegend auf einem Handtuch getrocknet. Hochwertige Bekleidungsstücke wie Anzüge, Kostüme etc. sollten Sie unbedingt reinigen lassen. Bügeln können Sie Wolle mit der entsprechenden Einstellung Ihres Bügeleisens und einem dazwischengelegten Bügeltuch oder mit Dampf.

Seide

Seide ist ein Endlosfaden und wird aus dem Kokon der Maulbeerseidenraupen gewonnen. Sie hat einen ganz besonderen Tragekomfort, denn sie ist bei Hitze angenehm kühl und wärmt bei Kälte. Hautfeuchtigkeit gibt sie schnell nach außen ab.

Pflege von Seide

Seide lässt sich bei bis zu 30 Grad von Hand waschen. Wenn Sie aber kein Risiko eingehen wollen, sollten Sie Seide immer chemisch reinigen lassen. Beachten Sie in jedem Fall die Hinweise auf dem Etikett des Herstellers. Da dunkle Farben leicht ausbluten, waschen Sie diese separat, um andere Kleidungsstücke nicht zu verfärben. Spülen Sie Seide gut aus und geben Sie dem letzten Spülwasser einen Löffel Essig zu. Das frischt die Farben auf und verleiht leichten Glanz. Der Trockner ist für Seide Tabu!

Stoffe aus Chemiefasern

Viskose

Viskose besteht aus reiner Zellulose, dem Grundbestandteil aller pflanzlichen Fasern. Wegen der starken chemischen Behandlung mit Natronlauge, Schwefelkohlenstoff und Schwefelsäure gehört sie zu den Chemiefasern. Viskose kann zu verschiedenen Optiken wie Seide, Leinen oder Baumwolle von matt bis hoch glänzend verarbeitet werden. Der fließende Fall eines Viskosestoffes ist von der dünnsten bis zur schwersten Qualität immer gleich.

Pflege von Viskose

Viskose kann bei 30–40 Grad im Schonwaschgang und mit einem Feinwaschmittel in der

Maschine gewaschen werden, sollte aber nicht in den Trockner, es sei denn, das Etikett sagt etwas anderes aus. Mit der Einstellung „Seide" dürfen Sie Viskose auf jeden Fall bügeln, manchmal können Sie die Temperatur auch bis zur Einstellung „Baumwolle" steigern. Besonders leicht lässt sich Viskose in angefeuchtetem Zustand bügeln.

Polyacryl, Polyamid, Polyester

Diese synthetischen Stoffe sind auch unter den Markennamen Perlon, Nylon, Dralon, Orlon, Trevira, Diolen etc. bekannt. Kunstfasern haben in den letzten Jahren den schlechten Ruf verloren, da sie immer weiterentwickelt wurden und ihre Qualität sich stetig verbessert hat. Einige der reinen Naturfasern sind durch minderwertige Verarbeitung oft unangenehmer zu tragen als Kunstfasern. Interessante Neuentwicklungen wie beispielsweise Mikrofasern sind technisch hoch entwickelte Kunstfasern, die zu extrem feinen Garnen verarbeitet werden. Gewebe aus Mikrofasern sind ideal für Funktionskleidung: Sie sind sehr dicht, weisen Wind und Regen ab, lassen aber gleichzeitig Schweiß nach außen durch, wobei die Haut angenehm trocken bleibt.

Pflege von Polyacryl und Co.

Alle Chemiefasern sind einfach zu pflegen, wichtig ist, dass die Temperatur nicht zu hoch ist. Sie können sie in der Waschmaschine bei 30 Grad mit Feinwaschmittel waschen. Fast alle Chemiefasern dürfen auch in den Trockner. Bei Mikrofasern sollten Sie keinen Weichspüler verwenden, sonst geht die wasserabweisende Wirkung verloren.

Stoffe aus Mischfasern

Naturfasern werden mit synthetischen Fasern vermischt, sodass je nach Verwendungszweck die guten Eigenschaften aller Bestandteile genutzt und die weniger guten weitestgehend ausgeschaltet werden können. Je nach Art der Kombination mindern Mischungen mit Kunstfasern beispielsweise die Knittereigenschaften oder erhöhen die Reißfestigkeit einer Naturfaser. Die Haltbarkeit von Nylon lässt sich in einer Mischfaser mit der wärmenden Eigenschaft von Wolle verbinden, und die Beimischung der hochelastischen Kunstfaser Elasthan, auch unter den Handelsnamen Lycra oder Dorlastan bekannt, macht jedes Material durch den Stretcheffekt zum angenehmen Stoff für eng anliegende Bekleidung. Es gibt eine schier unendliche Vielfalt an Kombinationsmöglichkeiten, und es werden immer wieder neue Stoffe entwickelt.

Pflege von Mischfasern

In der Regel sind Mischfasern pflegeleicht und können in der Waschmaschine gewaschen werden. Achten Sie aber stets auf die Pflegehinweise des Herstellers. Im Zweifelsfall richten Sie sich nach der Pflegeanleitung des empfindlicheren Materials. Wenn Sie sich nicht sicher sind, dann waschen Sie den Stoff am besten von Hand. Nicht nur Art, Reinheit oder Mischungsverhältnis der Fasern, auch die Verarbeitungsweise der Garne zu Gewebe ist ausschlaggebend für die verschiedenen Stoffarten. Nachfolgend finden Sie die wichtigsten Stoffarten im Überblick.

Gewebte Stoffe

Azetat
Weich fließender Futterstoff mit mattem Glanz, ähnlich wie Viskose oder Satin.

Batist
Sehr feiner und transparenter Stoff aus Baumwolle, Leinen, Chemiefaser oder Mischungen.

Brokat
Ein hochwertiges Jacquardgewebe, für das oft Glanzgarne verwendet werden.

Chenille
Ähnlich wie Samt, der Flor ist auf der Ober- und Unterseite sichtbar.

Chiffon
Hauchdünnes und transparentes Gewebe, meistens aus Seide oder Mischfasern.

Cord oder Cordsamt
Verschieden breite Längsrippen von Fein- bis Breitcord in Samtoptik mit Strichrichtung.

Crêpe de Chine
Weich fließender, feiner Stoff mit leicht körnigem Griff, meistens aus Seide oder Kunstfasern.

Crinkle oder Crash
Stoffe, die entweder beim Weben oder danach dauerhaft vorgeknittert werden.

Duchesse
Stark glänzender Satinstoff aus Seide, Viskose oder Chemiefaser.

Flanell
Meistens ist das Gewebe aus Baumwolle, Viskose oder Wolle. Eine einseitig angeraute Stoffunterseite wärmt stark und fühlt sich weich an.

Frottee
Stoff mit eingewebten Schlingen. Bei Veloursfrottee werden diese aufgeschnitten.

Gabardine
Dichtes, hochwertiges Gewebe mit feinem, diagonal verlaufendem Streifeneffekt, der durch die Webart entsteht.

Georgette
Weicher und fließender Stoff, meistens aus Seide oder Wolle mit leicht sandigem Griff.

Jeansdenim
Die Verarbeitung eines farbigen Kett- und weißen Schussfadens ergibt nach mehreren Waschdurchgängen den typischen ausgeblichenen Jeanseffekt.

Köper
Ähnlich wie Gabardine; die Diagonalrillen, die durch die Webart entstehen, sind aber gröber.

Musselin
Leichter und locker gewebter Stoff aus Baumwolle oder Wolle. Wird gerne für Tücher oder Stoffwindeln verwendet.

Organdy
Transparentes und steifes Gewebe aus Baumwolle.

Organza
Ähnlich wie Organdy, jedoch aus Seide und noch etwas steifer im Griff.

Popeline
Glattes Gewebe mit feinen Querrippen, die beim Weben durch die Bindung entstehen.

Samt
Schwerer Stoff mit seidigem Griff und dichtem Flor auf einer Stoffseite. Aus Baumwolle, Seide oder Viskose.

Satin
Hochglänzendes Gewebe mit weichem Griff und fließendem Fall. Besonders edel aus Seide, häufig aber aus Kunstfaser.

Taft
Glänzt, raschelt und ist steif. Taft wird gern für große Abendroben verwendet. Material aus Seide oder Chemiefasern.

Tuch
Wollstoff, der nach dem Weben gewalkt und aufgeraut wird, wodurch er eine filzartige Oberfläche erhält.

Tüll
Steifes, aber transparentes Gewebe, das gern für Unterröcke oder zur Dekoration verwendet wird.

Tweed
Dazu werden melierte und genoppte Garne, oft zweifarbig, miteinander verwoben.

Velours
Weicher, angerauter Stoff, meist aus Wolle, der häufig zu Mänteln und Jacken verarbeitet wird.

Voile
Transparentes Gewebe mit weichem Griff, oft aus Baumwolle.

Gestrickte Stoffe

Ajour
Stoff mit sehr feinen Durchbruchmustern. Wirkt oft wie gestickt.

Jersey
Dehnbare Maschenware vom feinen und dünnen Polojersey bis hin zum dicken Wolljersey.

Nicki

Jerseystoff, der eine samtähnliche Oberfläche aufweist und durch die Maschen dehnbar ist.

Plüsch

Pelzimitationen, die entweder den echten Pelzen täuschend ähnlich sind oder sehr fantasievolle Muster haben.

Rippenstrick

Weist ein Maschenbild wie abwechselnd rechts und links gestrickt auf und wirkt oft wie selbstgestrickt.

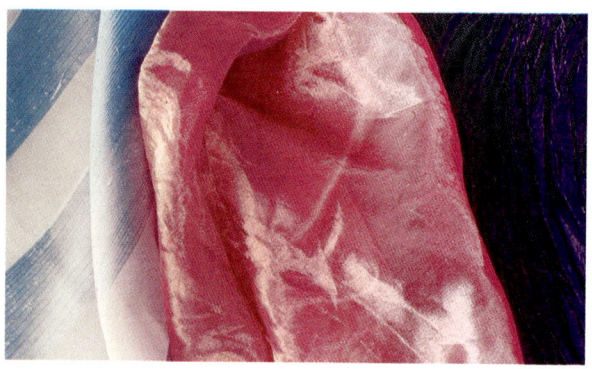

Strickstoff

Maschenware, die wie handgestrickt aussieht.

Sweatshirtstoffe

Jersey oder Trikotstoff, der innen oft aufgeraut ist.

Gewirkte Stoffe

Diese brauchen nicht versäubert werden, da sie nicht ausfransen.

Filz

Aus Schafwollfasern und tierischen Haaren zusammengepresster Stoff.

Flausch

Sehr weicher und dicker Stoff, der oft eine pelzartige Oberfläche hat und sehr leicht ist.

Fleece

Flauschiger Stoff aus Mikrofaser, der die atmungsaktiven Vorteile der Mikrofaser aufweist und zusätzlich sehr warm hält.

Rechte und linke Stoffseite

Bei der Verarbeitung von Stoffen stoßen Sie häufig auf Begriffe wie „rechts auf rechts", „rechts auf links" etc. Woran lassen sich die rechte oder linke Stoffseite erkennen:

Die linke Stoffseite ist stets die Seite, die bei der fertigen Näharbeit von außen nicht sichtbar ist, also dem Körper zugewandt ist. Bei bedruckten Stoffen ist die linke Stoffseite meistens schwach gefärbt, bei gewebten erscheint das Muster „falsch", bei Strickstoffen erkennen Sie die Seiten am Maschenbild rechter und linker Maschen.

Die rechte Stoffseite ist die „gute", nach außen sichtbare Seite; sie ist bei Drucken durch kräftigere Farben zu erkennen; die Muster sind „richtig". Gewebte Stoffe haben häufig eine stärkere Struktur auf der rechten Seite.

Bei manchen Stoffen sind die rechten und linken Seiten schwer zu unterscheiden, häufig ist das bei unifarbenen Webstoffen der Fall. Am besten, Sie legen selbst Vorder- und Rückseite fest und markieren alle Rückseiten der Schnittteile mit einem Kreidekreuz. Beim Zuschneiden und Zusammennähen darauf achten, dass gleiche Seiten aufeinandertreffen.

Futter und Einlagen

Jacken, Mäntel oder auch Kleider werden mit Futter nicht nur aufgewertet, sondern die Passform und die Trageeigenschaften werden damit erheblich verbessert. Auch mit Einlagen wird das Aussehen wesentlich beeinflusst, deshalb sollten diese nicht weggelassen werden.

Futter

Sparen Sie nicht am Futterstoff, sondern wählen Sie ein reißfestes Qualitätsprodukt, das sich vor allem nicht elektrostatisch auflädt. Gute Futterstoffe sind entweder aus Viskose oder Mischungen aus Viskose mit Kunstfasern, sehr hochwertige Kleidungsstücke werden auch mit Seide gefüttert. Ein ganz wichtiger Aspekt bei Mänteln ist, dass ein gefütterter Mantel beim Gehen nicht an den Hosenbeinen oder am Rock „kleben" bleibt.

Ist der Oberstoff leicht bis mittelschwer, empfiehlt sich ein weicher und leichter Futtertaft. Zu einem dickeren oder schwereren Obermaterial passt ein etwas schwererer, dickerer Futtersatin. Mit einem wattierten Steppfutter wird eine Jacke oder ein Mantel wintertauglich, aber Vorsicht, dann muss der Schnitt der Jacke oder des Mantels entweder locker geschnitten sein oder Sie müssen Ihr Wunschmodell in einer größeren Konfektionsgröße zuschneiden.

Modisch und auffällig wird eine Jacke oder ein Mantel, dessen Inneres farbig oder gemustert hervorblitzt. Dezent und zurückhaltend dagegen wirken Futterstoffe in der gleichen Farbe wie der Oberstoff oder einen Ton heller bzw. dunkler.

Für den Zuschnitt der Teile aus Futterstoff finden Sie entweder extra Schnittteile auf dem Schnittbogen oder den Hinweis, welche Schnittteile komplett aus Futter zugeschnitten werden müssen.

Einlage

„Mit Einlage verstärken" – diesen Ausdruck lesen Sie in nahezu jeder Nähanleitung. Sie sollten diese Anweisung keinesfalls übergehen, denn mit Einlage wird die Form und ein gewisser Stand, aber auch ein fließender Fall eines Kleidungsstückes gewährleistet. Zusätzlich erleichtern speziell vorgestanzte Vliesbänder und -einlagestreifen das Zuschneiden und Nähen. Wichtig ist dabei immer, das richtige Vlies, passend zum jeweiligen Stoff und Verwendungszweck, zu finden.

Insgesamt ist die Wahl der Einlage vom Stoff abhängig. Darüber hinaus richtet sie sich nach Art und Umfang der gewünschten Formgebung. In der Regel sollten Einlagen den Oberstoff so unauffällig wie möglich stützen und den freien Fall des Kleidungsstückes unterstreichen, ohne dabei steif zu wirken. In den Materialangaben von Schnittmustern finden sich genaue Angaben dazu.

Wenn Sie sich hingegen für einen anderen Stoff als den vorgegebenen entschieden haben, erhalten Sie im Fachhandel oder im Internet eine Tabelle mit den Einlagen. Dort finden Sie genaue Hinweise zum Einsatzbereich und Bügelanweisungen.

Maßnehmen leicht gemacht

Ihre Körpermaße müssen mit denen der Schnittmaße übereinstimmen, denn es ist extrem frustrierend, etwas zu nähen, was hinterher nicht passt, weil es die falsche Größe hat. Vergleichen Sie immer Ihre Maße mit denen der Schnittvorlage, dann kann nichts schiefgehen.

Vor dem Messen

Ziehen Sie sich für das Maßnehmen bis auf die Unterwäsche aus. Legen Sie einen schmalen Gürtel oder eine Kordel um die Taille, dass sie ohne einzuschnüren oder zu hängen genau in der Taille sitzen. Von hier aus werden viele Maße bestimmt.

Zum Maßnehmen verwenden Sie ein flexibles Maßband mit 150–200 cm Länge. Für die Weitenmaße wie Taille oder Hüfte erhalten Sie exakte Messergebnisse mit einem Taillenmaßband, das sich mit einem Druckknopf arretieren lässt und in einem Rahmen das Maß anzeigt.

Lassen Sie das Maßnehmen möglichst von einer zweiten Person ausführen. So sorgen Sie dafür, dass Ihre Maße nicht von Ihrem eigenen „Mogelauge" bestimmt werden, was letztendlich nur Ihrer Beruhigung, nicht aber der Passform eines Kleidungsstückes dient. Außerdem ist es schwierig, manche Maße selbst zu nehmen wie z.B. die die Armlänge oder die seitliche Hosenlänge.

Legen Sie das Maßband für die einzelnen Messungen folgendermaßen an und schreiben Sie sich Ihre Maße auf:

1 Oberweite
Über den Rücken und die stärkste Stelle der Brust.

2 Taillenweite
Über dem Taillenband (siehe Tipp) in der Taille, dabei auf keinen Fall den Bauch einziehen.

3 Hüftweite
Über die stärkste Stelle des Pos.

4 Brusttiefe
Vom höchsten Schulterpunkt bis zur Spitze der Brust.

5 Vordere Taillenlänge
Vom höchsten Schulterpunkt über die Brustspitze bis zur Taille.

6 Rückenlänge
Vom untersten Halswirbel bis zur Taille (Taillenband).

7 Schulterbreite
Vom Halsansatz bis zum obersten Punkt der Armkugel.

8 Ärmellänge
Vom obersten Punkt der Armkugel über den leicht angewinkelten Ellbogen bis zum Handknöchel.

9 Oberarmweite
Rund um die stärkste Stelle des Oberarms.

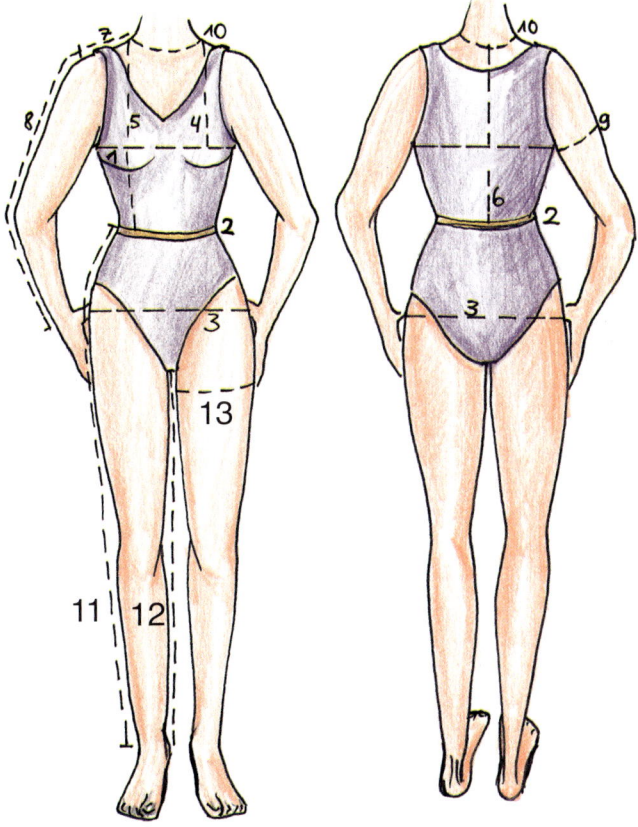

Bestimmen Sie nun anhand der Maßtabelle der Schnittvorlage Ihre Kleidergröße. Haben Sie einen Fertigschnitt oder ein Schnittmusterheft, müssen Sie Ihre gemessenen Maße mit deren Tabelle vergleichen.

Wundern Sie sich aber nicht: Es trifft nur sehr selten zu, dass alle Maße genau mit den Idealmaßen einer Konfektionsgröße übereinstimmen. Bei Schnittmustern für Kleider, Jacken und Blusen sollten Sie sich deshalb generell nach der Oberweite, bei Vorlagen für Röcke und Hosen nach der Hüftweite richten.

Da fast alle Schnitte als Mehrgrößenschnitte aufgezeichnet sind, können Sie beim Übertragen der Schnittlinien auf Ihren Papierschnitt aber auch ganz einfach verschiedene Größen miteinander kombinieren. Wechseln Sie dafür mit sanft ineinander auslaufenden Schnittlinien von einer Größe in die nächste. Haben Sie beispielsweise eine Taillenweite der Größe 38 und die Hüftweite der Größe 40, können Sie die Linien beider Größen im Verlauf von der Hüfte zur Taille problemlos miteinander verbinden.

10 Halsweite
Rund um den Halsansatz.

11 Seitliche Hosenlänge
Vom Taillenband bis zum Knöchel.

12 Innere Beinlänge
Entlang der Beininnenseite vom Schritt bis zum Knöchel.

13 Oberschenkelweite
Rund um die stärkste Stelle des Oberschenkels.

14 Schritt- oder Sitzhöhe
Vom Taillenband bis zur Sitzfläche bei aufrechter Sitzhaltung.

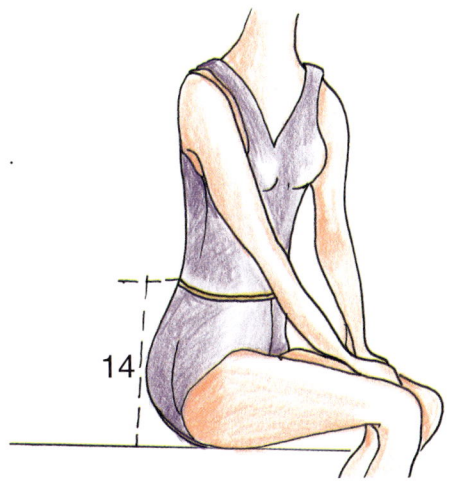

Schnittvorlagen und Zuschneiden

Das Modell einer Bluse oder eines Rocks mit Nähanleitung hat es Ihnen angetan, und Sie möchten es möglichst gleich in die Tat umsetzen. Bei der Stoffauswahl dürfen Sie kreativ werden, den Schnitt sollten Sie aber sehr sorgfältig übertragen und ausschneiden.

Stoff und Nähzutaten kaufen

Auf dem Fertigschnitt beziehungsweise im Schnittmusterheft finden Sie eine Liste mit Angaben zur benötigten Stoffmenge sowie zu den besonders gut geeigneten Stoffarten. Wenn Sie sich an die Empfehlungen halten, können Sie sicher sein, dass Ihr individuelles Kleidungsstück in Form und Wirkung dem Foto im Heft oder auf dem Schnitt am nächsten kommt.

Ist aber z.B. für eine weite Hose im Marlene-Stil ein fließender Viskosestoff angegeben, dann wirkt die fertige Hose ganz anders, wenn Sie dafür Gabardine oder Leinen verwenden. Natürlich bietet die Wahl einer anderen Stoffart unter Umständen auch eine gewollte Stiländerung. Zur Beurteilung brauchen Sie allerdings schon etwas Näherfahrung. Als Nähanfängerin folgen Sie sicherheitshalber den Angaben zum Original.

Zusätzlich zum Stoff benötigen Sie Nähgarn und, je nach Bekleidungsstück, Reißverschluss,

Knöpfe, Druckknöpfe, Nieten, Einlagen etc. Alle Materialien erhalten Sie in großer Auswahl im Stoffladen oder in der Kurzwarenabteilung eines Kaufhauses.

Papierschnitt anfertigen

Papierschnitt von einem Fertigschnitt erstellen

Bestimmen Sie anhand der Maßtabelle des Schnittes Ihre Konfektionsgröße. Auf dem Schnittbogen, manchmal sind es auch mehrere, finden Sie Miniaturzeichnungen der Schnittteile, die Sie für Ihr ausgesuchtes Modell benötigen. Betrachten Sie diese zuerst genau. Schneiden Sie dann die Schnittteile an der entsprechenden Linie Ihrer Konfektionsgröße aus.

Bei unterschiedlichen Maßen, z.B. Taillenweite Größe 40 und Hüftweite Größe 42, lassen Sie die Schnittlinien einfach fließend ineinander übergehen.

Papierschnitt von einem Schnittbogen anfertigen

Übernehmen Sie den Schnitt aus einer Modezeitschrift mit beiliegendem Schnittbogen, wird bei dem abgebildeten Modell darauf verwiesen, wo Sie die dazugehörige Nähanleitung im Heft finden. Dort sind die verschiedenen Schnittteile mit allen Angaben wie Fadenlauf (ist mit einer Pfeillinie gekennzeichnet), Ansatzstellen, Brüchen, Falten usw. in einem Miniaturschnitt abgebildet.

Außerdem erfahren Sie hier alles, was Sie zum Anfertigen Ihres Papierschnittes benötigen, z.B. auf welchem Bogen Sie den Schnitt finden, welche Farbe und Nummern er hat und welche Schnittlinienführung den jeweiligen Konfektionsgrößen entspricht. Beispiel:

Roter Schnitt
Bogen C
Schnittteile 1 bis 6
Größe 40   --------

Falten Sie den Schnittbogen C auf und suchen Sie am Rand die rot geschriebenen Nummern 1–6. Gehen Sie von da aus senkrecht nach oben oder unten, bis Sie auf die rot gestrichelten Schnittteile mit den Nummern 1–6 treffen. Verfolgen Sie mit dem Finger die Schnittlinie, sodass Sie ein Gefühl für die Form bekommen.

Legen Sie Schnittpapier unter den Schnittbogen. Dazwischen platzieren Sie Schneiderkopierpapier, und zwar mit der beschichteten Seite nach unten. Fahren Sie nun mit dem einfachen Kopierrädchen oder einem Bleistift alle Konturen eines Schnittteiles in Ihrer Größe nach. Übertragen Sie auch die Innenlinien wie Abnäher, Fadenlauf und Bruchkanten.

Schneiden Sie das Schnittteil entlang der Außenkonturen aus dem Schnittpapier aus. Anschließend schreiben Sie die Bezeichnung des Schnittteils und die Anzahl, wie oft das Teil aus Stoff zugeschnitten werden muss, auf das Papier. Markieren Sie gegebenenfalls Kanten, die am Bruch angelegt werden müssen. Achten Sie auch darauf, dass Sie Belegteile, die in den Schnittteilen eingezeichnet sind, extra auf Papier übertragen. Alle Schnittteile aus Papier anfertigen.

Bitte beachten

Wenn die Materialangabe der Nähanleitung dehnbare Stoffe angibt, müssen Sie diesen Hinweis unbedingt beachten. Diese Schnitte sind ohne Bewegungszugabe konzipiert, das Modell wäre aus einem festen Stoff viel zu eng.

Schnitt mit Raster auf Papier übertragen

Manche Schnittmuster sind verkleinert auf einem Raster abgebildet. In diesen Fällen ist stets die Rastergröße angegeben, z.B.: 1 Kästchen entspricht 5 x 5 cm.
Besonders einfach geht das Übertragen mit einem Rasterbogen, den Sie im Fachhandel erhalten. Dessen Kästchen sind 1 x 1 cm groß, beinhalten dadurch auch alle anderen größeren Rastermaße. Wenn Sie keinen Rasterbogen haben, zeichnen Sie sich Ihr Raster mit einem mitteldicken Filzstift auf einen großen Bogen Papier (z.B. Packpapier).

Legen Sie den Rasterbogen unter das Schnittpapier auf Ihre Arbeitsfläche. Das Raster ist durch das Papier sichtbar. Nun beginnen Sie an einer

geraden Kante des Schnittteiles und zählen in eine Richtung alle Kästchen bis zur nächsten Ecke oder Rundung ab. Markieren Sie diesen Punkt auf Ihrem Papier. Dann zählen Sie bis zur nächsten Ecke oder Rundung weiter. Fahren Sie so fort, bis Sie alle Markierungspunkte übertragen haben.

Verbinden Sie die Punkte entsprechend der Vorlage, entweder mit Lineal oder mit geschwungenen Rundungen, deren Verlauf Sie wiederum mithilfe des Rasters der Vorlage entnehmen. Zum Schluss alle Innenmarkierungen einzeichnen und den Papierschnitt rundum ausschneiden.

Papierschnitt von Rechteckbemaßung anfertigen

Manche Modelle sind auch mit einer Bemaßung in einem umschriebenen Rechteck ausgestattet. Zeichnen Sie das Rechteck mit den gesamten Außenmaßen auf Ihr Schnittpapier auf und übertragen Sie die Maße der Vorlage mit kleinen Strichen auf die Außenlinien Ihres Rechtecks. Dann übertragen Sie mithilfe der Außenmaße die innen liegenden Eckpunkte des Schnittes.

Verbinden Sie die Markierungspunkte mit dem Lineal oder, bei Rundungen, frei Hand. Zeichnen Sie auch alle Innenkonturen und Markierungen

auf, bevor Sie den Schnitt entlang seiner Außenkonturen ausschneiden.

Der Zuschneideplan

Bei der Anleitung eines jeden Schnittmusters finden Sie immer einen Zuschneideplan, der die optimale Anordnung der Schnittteile auf dem Stoff zeigt. Liegt der Stoff doppelt breit, also mindestens 140 cm, dann liegt er gefaltet übereinander, wobei die rechte Stoffseite in der Regel nach innen zeigt. Die Falte bezeichnet man als Stoffbruch. Ist der Stoff nur 70 cm oder 90 cm breit, sodass Sie ihn nicht doppellagig ausbreiten, sollte die rechte Stoffseite beim Auslegen nach oben zeigen. Ausnahmen zu diesen Regeln werden im Zuschneideplan explizit genannt.

Legen Sie die Schnittteile nach dem Zuschneideplan auf dem ausgelegten Stoff aus. Achten Sie darauf, dass der Fadenlauf – er verläuft immer parallel zu den Webkanten – bei Schnittteilen, bei denen Angaben dazu gemacht wurden, eingehalten wird. Denken Sie auch daran, dass Sie bei einfacher Stofflage viele Teile zweimal, aber spiegelverkehrt, das heißt einmal mit umgedrehtem Papierschnitt, zuschneiden müssen. Bei doppelter Stofflage passiert dies automatisch. Haben Sie die optimale Positionierung der Schnittteile mit genügend Abstand für die in der Anleitung angegebenen Naht- und Saumzugaben gefunden, stecken Sie sie jeweils rundherum mit Stecknadeln auf dem Stoff fest. Nun zeichnen Sie mit Schneiderkreide und einem Handmaß oder kleinen Lineal die Nahtzugaben rund um die Schnittteile auf den Stoff. Sie können die Nahtzugaben aber auch mithilfe des zweirädrigen Kopierrädchens und Kopierpapier auf den Stoff übertragen, indem Sie das Kopierpapier unter den Stoff legen und dann mit dem Kopierrädchen außen am Papierschnitt entlangfahren. Damit haben Sie gleichzeitig auch die Nahtlinien mit übertragen und können den Stoff jetzt einfach entlang der Naht- oder Saumzugaben ausschneiden.

Wenn Sie kein zweirädriges Kopierrädchen haben, übertragen Sie die Nahtlinien nach dem Ausschneiden der Stoffteile an den Naht- und Saumzugaben wie folgt: Legen Sie das Kopierpapier mit der Beschichtung nach oben auf den Tisch, darüber die ausgeschnittenen doppelt gelegten Stoffteile mit dem aufgesteckten Papierschnitt. Der Papierschnitt liegt oben. Nun fahren Sie mit dem einfachen Kopierrädchen die Konturen des Papierschnittes nach. Wiederholen Sie dies für das gegengleiche Stoffteil. Dafür den Papierschnitt abnehmen und auf die andere Seite der doppelt gelegten Stoffteile aufstecken.

Um Innenkonturen zu übertragen, legen Sie Schneiderkopierpapier mit der beschichteten Seite zum Stoff gerichtet zwischen den Stoff und

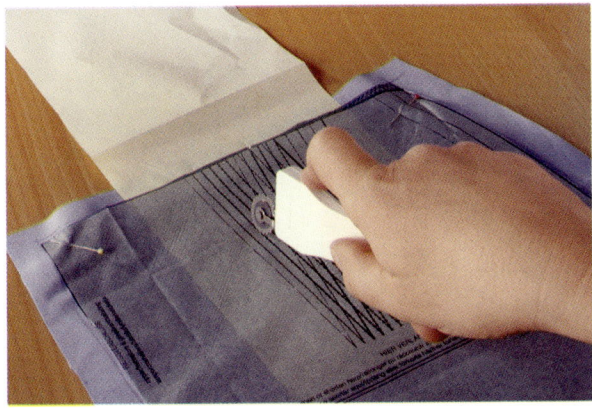

den Papierschnitt. Jetzt fahren Sie die Markierungen mit dem einrädrigen Kopierrädchen nach. Geübtere Näherinnen begnügen sich damit, den Anfang und das Ende einer Nahtlinie zu markie-

ren und die Punkte dann parallel zu den Nahtzugaben miteinander zu verbinden. Das funktioniert aber nur dann, wenn alle Nahtzugaben gerade und exakt gleich breit zugeschnitten wurden.

Abnäherspitzen markieren Näherfahrene mit einer Nadel, die sie senkrecht durch das Papier und den Stoff stechen. Diese Einstichstelle wird beidseitig auf den Stoffteilen mit Kreide oder einer Stecknadel gekennzeichnet.

Profitipps fürs Zuschneiden

In Leder oder Lackstoffen hinterlassen Nadeln Löcher. Ersetzen Sie hier Stecknadeln durch Klebestreifen.

Für voluminöse Stoffe wie Fleece oder Strick sind Schwesternnadeln, die länger als Stecknadeln sind, besser geeignet.

Damit sehr glatte, dünne Stoffe wie Seide oder Viskose nicht verrutschen, fixieren Sie sie mit Klebeband auf dem Zuschneidetisch oder unterlegen Sie sie mit einer Tischdecke.

Den schrägen Fadenlauf finden Sie so: Ziehen Sie die Ecke einer Stoffbahn so nach unten zur Webkante, dass Schnittkante und Webkante aufeinanderliegen. Die dadurch entstandene Diagonale bügeln oder mit Kreide markieren.

Bei Stoffen mit „Strich" wie Samt oder Velours sollten Sie alle Teile mit gleicher Richtung zuschneiden, z.B. alle Säume zeigen in eine Richtung.

Bei auffälligen Mustern wie Karos oder Streifen unbedingt auf den Rapport achten.

Hand- und Maschinenstiche

Trotz Nähmaschine gibt es Arbeiten, für die sich Handstiche empfehlen. Handstiche können sehr dekorativ wirken. Sie lassen sich an kniffligen Stellen schneller und leichter ausführen. Eine Zeitersparnis haben Sie in der Regel mit Maschine genähten Stichen.

Handstiche

Der Heft- oder Vorstich

Diesen Stich brauchen Sie zum vorläufigen Zusammenheften von Stoffteilen, aber auch Reihnähte können damit genäht werden. Der Faden wird später wieder entfernt. Gearbeitet wird dabei von rechts nach links. Die Stichlänge und die Abstände der Stiche sind etwa 6 mm lang. Stechen Sie die Nadel mehrmals auf und ab, dann ziehen Sie den Faden in einem Arbeitsgang durch.

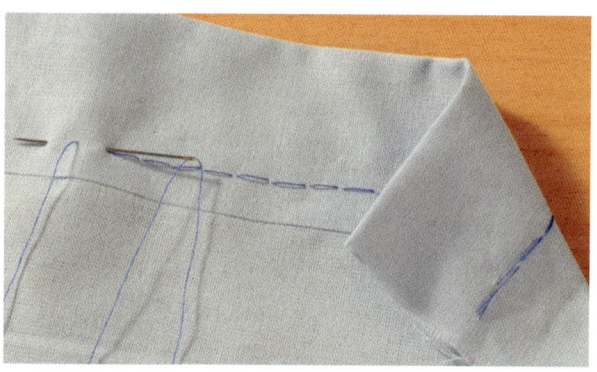

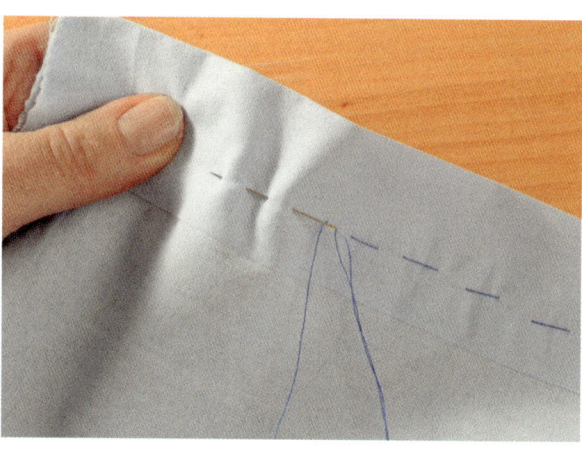

Der Stepp- oder Rückstich

Damit können Sie Nähte haltbar arbeiten. Beginnen Sie mit dem Knoten und einem kurzen Rückstich. Nähen Sie von rechts nach links und arbeiten Sie jeweils einen etwa 3 mm langen Stich auf der Vorder- und im Anschluss auf der Rückseite. Den Faden durchziehen und die Nadel zur Einstichstelle am Ende des ersten, oben liegenden Stichs zurückführen, dort einstechen und auf der Rückseite mit doppelter Stichlänge (6 mm) wieder

ausstechen. Diesen Stich über die ganze Nahtlänge wiederholen.

Der Hohlsaumstich

Diesen Stich benötigen Sie zum Festnähen von Säumen, dabei sind die Stiche auf der rechten Seite so gut wie nicht zu sehen. Gearbeitet wird von rechts nach links. Schlagen Sie die mit Zickzackstich versäuberte Saumkante (s. S. 26) einmal nach innen um und fixieren Sie den Faden an der Innenseite mit einigen Stichen. Stechen Sie einen sehr kleinen Stich über wenige Gewebefäden etwa 6 mm nach links versetzt wenig oberhalb des Umschlags in die linke Stoffseite; der Stich

darf dabei nicht durch den Stoff gehen. Dann setzen Sie den nächsten Stich etwa 6 mm nach links versetzt in den Umschlag, dabei stechen Sie von unten nach oben durch die versäuberte Kante. Die Stiche über die gesamte Saumlänge wiederholen.

Der Staffierstich

Er ist für unversäuberte Säume gut geeignet, die doppelt umgeschlagen werden. Gearbeitet wird wieder von rechts nach links. Stechen Sie mit der Nadel von unten nach oben durch die Bruchkante des Saumumschlages. Die Nadel etwa 2 mm nach links versetzt über dem Bruch in den Stoff einstechen. Nehmen Sie wenige Gewebefäden auf und achten Sie auch hier darauf, dass Sie die Nadel nicht ganz durch den Stoff stecken, sodass der Nähfaden nicht von außen sichtbar ist. Dann führen Sie die Nadel wieder zurück, indem Sie 2 mm nach links darunter in die Bruchkante einstechen. Schieben Sie die Nadel ca. 6 mm im Bruch nach links, stechen Sie sie dort aus und ziehen Sie den Faden durch. Diese Abläufe immer wiederholen.

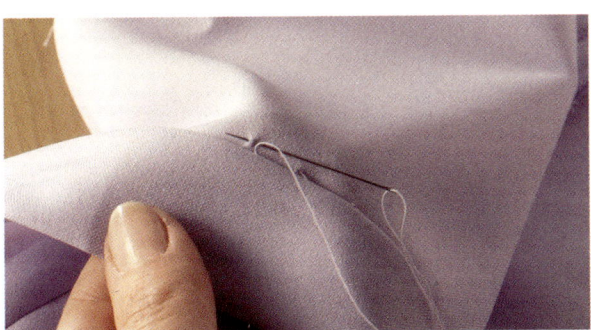

Der Festonstich

Kanten umstechen

Mit diesem Stich werden Kanten wie z.B. Woll- oder Vliesdecken dekorativ umstochen. Auch Garnriegel als Gegenstück zu einem Haken werden damit genäht. Gearbeitet wird von rechts nach links. Befestigen Sie den Faden am Stoff

und führen Sie ihn oberhalb der Stoffkante heraus. Legen Sie mit dem Faden eine Schlinge nach links. Stechen Sie die Nadel von oben nach unten ca. 5 mm tief unterhalb der Stoffkante durch, dabei liegt die Nadelspitze über dem nach links weisenden Faden der Schlinge. Ziehen Sie die Nadel mit dem Faden nach links oben, sodass ein Knötchen an der Stoffkante entsteht. Nun den nächsten Stich genauso ausführen. Den Abstand zum vorhergehenden Stich bestimmen Sie, er sollte aber bei allen Stichen gleich groß sein.

Garnriegel nähen

Für einen Garnriegel spannen Sie mehrere Fäden mit doppeltem Nähfaden. Führen Sie die Nadel hinter den Fäden zur gegenüberliegenden Seite, dabei liegt der Arbeitsfaden unter der Nadelspitze. Fest anziehen und den ganzen Riegel mit dicht aneinanderliegenden Festonstichen übernähen. Am Ende den Faden fixieren.

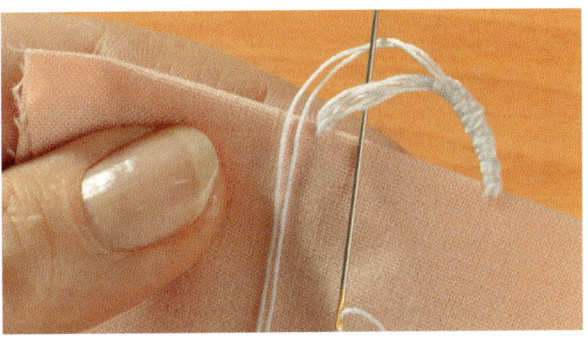

Maschinenstiche

Der Geradstich

Mit diesem Stich werden alle festen Nähte gesteppt, er kann in der Länge von 0–5 mm eingestellt werden. Die Stichlänge für normale Nähte liegt zwischen 2 und 3 mm.

Der Heftstich

Mit dieser Einstellung führt die Maschine einen langen Stich auf der Oberseite und einen kurzen Stich auf der Unterseite aus. Der Faden lässt sich leicht wieder herausziehen und eignet sich deshalb zum Heften oder Markieren. Nicht jede Maschine verfügt über diese Einstellung. Gegebenenfalls heften Sie von Hand (s. S. 24). Der Heftstich wird immer dicht neben der Nahtlinie auf der Nahtzugabe genäht.

Der Zickzackstich

Damit versäubern Sie die Schnittkanten am Stoff, sodass sie nicht mehr ausfransen können. Der Zickzackstich ist in Länge und Breite variabel einstellbar. Mit weiter Sticheinstellung ist er zum Aufsteppen von Gummilitze geeignet. Mit flacher Einstellung (Stichbreite 0,3–0,5 mm) ist der Zickzackstich der Ersatz bei fehlendem Elastik- oder Stretchstich. Probieren Sie das Aussehen dieser Ersatznaht aber immer auf einem Probestück aus. Arbeiten Sie ein Knopfloch, wird die Stichlänge 0,25 mm und die Breite zwischen 1,5–2 mm eingestellt.

Der Hohlsaumstich

Damit nähen Sie Säume maschinell so gut wie unsichtbar fest. Auf der Vorderseite sehen Sie ledig-

lich kleine, senkrechte Stiche. Der Hohlsaumstich ist aber nicht bei allen Nähmaschinen vorhanden. Gegebenenfalls säumen Sie von Hand (s. S. 24).

Zierstiche

Zierstiche basieren meistens auf dem Zickzackstich, einige davon entstehen auch durch Geradstiche oder eine Kombination von beiden. Für Kindersachen oder Kleidung im Folklorestil werden Zierstiche häufig benutzt. Je nach Art der Maschine können Sie auch ganze Namen eingeben und aufsticken. Aufwändige Zierstiche gehö-

ren aber nicht zur Standardausstattung einer Nähmaschine und schlagen im Preis zu Buche.

Nähprojekt – Festliches Tischset

Schneiden Sie aus Resten in Messinggelb und Bordeaux insgesamt 3 Streifen mit je 17 x 31 cm zu. Zeichnen Sie mit Kreide oder Textilmarker Wellenlinien auf die bordeauxfarbenen Streifen. Wenn Sie mit dem Kordelfuß arbeiten, fädeln Sie einen goldgelben Garnfaden ein, beim Universalfuß legen Sie den Garnfaden mittig unter das Füßchen. Mit goldfarbenem Metallicstickgarn und dichtem Zickzackstich (Stichlänge 0,2 mm, Stichbreite 2 mm) übersteppen, dabei die aufgezeichneten Linien nachformen. Die Längskanten der Streifen rechts auf rechts legen und 1 cm breit steppen. Die Nahtzugaben bügeln und versäubern. Die Nähte von rechts ebenfalls mit Metallicgarn übersteppen. Die Außenkanten des Sets 0,5 cm breit zur rechten Seite bügeln. Über die Schnitt- und Außenkante goldfarbene Borte auflegen, diese beidseitig schmalkantig aufsteppen.

(Idee/Realisation: SINGER®)

Nähte

Mit der Naht werden zwei Teile miteinander verbunden, die Stiche der Naht liegen immer auf der Markierung der Nahtlinie. Heftlinien zur Vorbereitung der Naht werden dicht daneben auf der Nahtzugabe genäht.

Die gerade Steppnaht

1 Legen Sie die Stoffteile entlang der Schnittkanten bündig aufeinander – fast immer liegen dabei die rechten Stoffseiten aufeinander. Sie können die Teile provisorisch verbinden, indem Sie im Abstand von ca. 10 cm Stecknadeln im rechten Winkel zum Nahtverlauf in den Stoff stecken. Sie steppen die Naht über die Stecknadeln hinweg

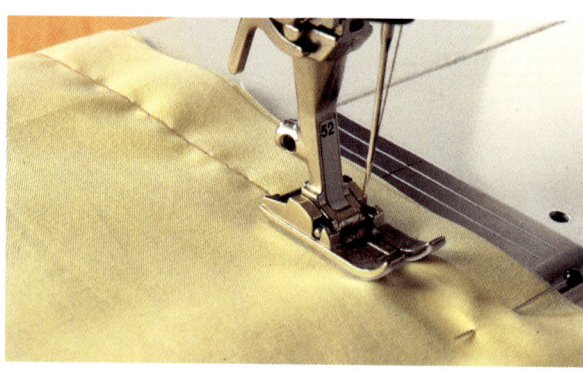

und ziehen die Nadeln danach heraus. Für Anfänger oder bei schwierigen Nahtlagen empfiehlt es sich, die Naht erst zu stecken und dann knapp neben der Nahtlinie innerhalb der Nahtzugabe zu heften. In diesem Fall können Sie die Stecknadeln schrittweise beim Heften herausziehen.

2 Legen Sie das Nähgut unter den Fuß der Nähmaschine. Stechen Sie die Nadel durch Drehen des Handrades am markierten Nahtverlauf in den Stoff, anschließend den Nähmaschinenfuß senken. Nähen Sie drei bis vier Stiche, betätigen Sie die Rückwärtsfunktion der Maschine und nähen

Sie dicht daneben auf der Seite der Nahtzugabe die Naht bis zum Anfang zurück. Schalten Sie wieder in den Vorwärtsgang und nähen Sie über die rückwärts genähte Naht in die Nahtlinie auslaufend bis zum Ende der Naht.

3 Sichern Sie das Nahtende ebenfalls mit Rückstichen wie am Anfang, die auch hier wieder möglichst auf den vorherigen Stichen der Naht bzw. auf der Seite der Nahtzugabe liegen. Diese Sicherung dient dazu, dass sich die Naht nicht auflöst und wird auch als Riegel bezeichnet. Jede Steppnaht am Anfang und Ende sichern.

4 Den Heftfaden oder die Stecknadeln heraus-ziehen und die Nahtlinie bügeln. Das ist ganz wichtig, denn dabei wird die Naht „im Stoff ver-senkt". Erst danach die Nahtzugaben von der Nahtlinie weg auseinander- oder beide zusam-men zu einer Seite bügeln. Erst nach dem Step-pen der Naht die Nahtzugaben mit Zickzackstich versäubern.

5 Je nachdem, ob das Kleidungsstück eher sportlich oder elegant wirken soll, können Sie die Nähte von der rechten Stoffseite her einseitig oder beidseitig füßchenbreit und/oder schmal-kantig absteppen. Anschließend die Nähte ausbügeln.

Außenecken nähen

Außenecken kommen z.B. an Kissenbezügen, Hemdkragen, Reverskanten oder Manschetten vor.

1 Legen Sie den Stoff rechts auf rechts aufeinan-der und steppen Sie die Naht mit normaler Stich-länge bis etwa 2,5 cm vor den Eckpunkt. Zur Verstärkung der Ecke stellen Sie nun die Stich-länge kürzer auf 1,3–1,5 mm Länge und nähen bis in die Ecke (wenn Sie Leder oder Kunstleder

nähen, die normale Stichlänge beibehalten, da das Material sonst perforiert wird und leichter reißt).

2 Nun senken Sie die Nadelspitze in den Stoff, heben den Nähfuß und drehen das Nähgut um 90 Grad. Anschließend senken Sie den Nähfuß wieder und steppen 2,5 cm der Naht. Danach verstellen Sie die Stichlänge erneut auf die ur-sprüngliche Länge.

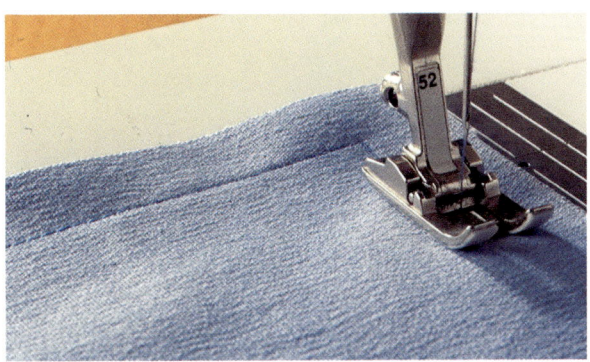

3 Den Stoff an der Ecke im 45-Grad-Winkel bis 2 mm vor der Ecke wegschneiden. Anschließend bügeln Sie die Naht, bevor Sie den Stoff auf die rechte Seite wenden. Formen Sie die Ecke, dabei eine Nadel von außen einstechen und die Ecke vorsichtig herausziehen. Die Kanten heften und erneut bügeln.

Innenecken nähen

Innenecken finden Sie z.B. an eckigen Shirtausschnitten. Das Prinzip ist das Gleiche wie beim Nähen von Außenecken.

1 Legen Sie den Stoff rechts auf rechts aufeinander und steppen Sie die Naht mit normaler Stichlänge bis ca. 2,5 cm vor den Eckpunkt. Stellen Sie die Stichlänge auf 1,3–1,5 mm Länge zurück und nähen Sie bis zum Eckpunkt. Dann senken Sie die Nadel in den Stoff, heben den Nähfuß und drehen das Nähgut. Den Fuß wieder senken und 2,5 cm weiternähen. Anschließend die normale Stichlänge einstellen und weiternähen.

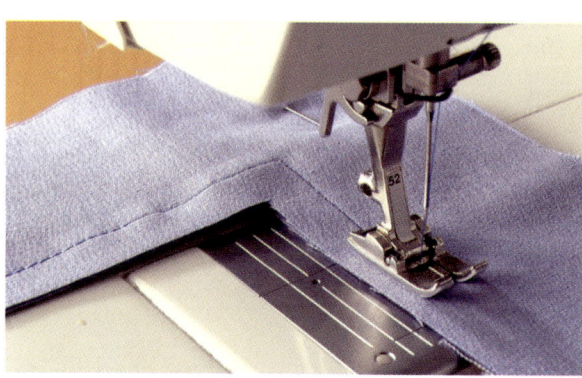

2 Nun schneiden Sie den Stoff in der Ecke bis ca. 2 mm vor die Naht etwa im 45-Grad-Winkel

zackig ein. Bügeln Sie die Naht und wenden Sie das Nähgut entlang der Naht. Formen Sie die Ecke aus. Dabei darauf achten, dass die Ecke flach liegt und sich die Nahtzugaben nicht zusammenschieben. Zum Schluss noch einmal bügeln.

Rundungen nähen

Markieren Sie unbedingt den Nahtverlauf mit Kreide oder Textmarker.

1 Legen Sie den Stoff rechts auf rechts aufeinander. Stellen Sie die Stichlänge etwas kürzer als normal auf 1,5 mm ein und steppen Sie die Naht. Nähen Sie mit geringer Geschwindigkeit und drehen Sie dabei das Nähgut gleichmäßig.

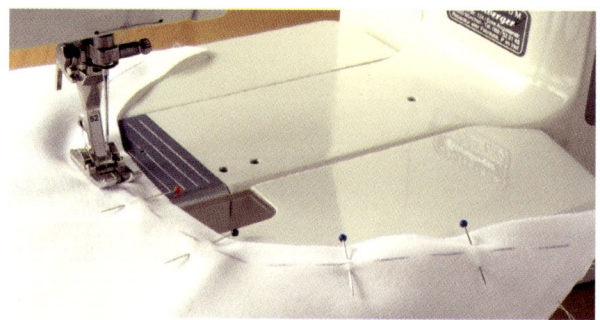

2 Schneiden Sie die Nahtzugaben senkrecht bis 2 mm vor die Naht ein. Abstand und Zahl der Einschnitte richtet sich nach der Rundung: Je enger sie ist, desto mehr Einschnitte sind nötig. Die Naht bügeln, den Stoff wenden, die Kante heften und bügeln.

Ziersteppnähte

Mit diesen Nähten wird der Charakter eines Kleidungsstückes betont, zweifache Steppnähte wirken eher sportlich, eine schmalkantige Naht eleganter. Designermäßiges Understatement wird erreicht, wenn die Nähte überhaupt nicht abgesteppt werden.

Schmalkantig und füßchenbreit absteppen

Wird eine Naht oder Kante von rechts schmalkantig abgesteppt, dann verläuft diese 1–2 mm neben der Nahtrille oder Kante. Sie können die Naht frei Hand führen oder die Nadelposition möglichst weit zur linken Seite stellen und das Füßchen entlang der Nahtlinie führen. Soll die Naht einen füßchenbreiten Abstand haben, führen Sie den Nähfuß mit der Kante entlang einer

Nahtrille oder einer Kante. Soll eine Naht sowohl schmalkantig als auch füßchenbreit abgesteppt werden, wird immer zuerst die schmalkantige Naht ausgeführt.

Auseinandergesteppte Naht

Die Nahtzugaben auseinanderbügeln und von rechts beidseitig der Nahtrille die darunterliegenden Nahtzugaben füßchenbreit oder schmalkantig feststeppen.

Mit Zierstich übersteppen

Für Trachten- oder folkloristische Mode werden häufig Nähte mit Zierstichen (s. S. 27) betont. Kontrastfarbige Garne unterstreichen zusätzlich diesen Stil. Beim beidseitigen Absteppen die Nahtzugaben auseinanderbügeln, für das einseitige Absteppen die Nahtzugaben zusammengefasst zu einer Seite bügeln. Wählen Sie einen oder mehrere Zierstiche, die sich vom Muster her ergänzen, und steppen Sie diese nebeneinander von rechts auf. Die Nahtzugaben werden dabei automatisch fixiert.

Nähprojekt – Jeansschmuck

Lösen Sie die inneren und äußeren Nähte der Hosenbeine vom Saum weg auf etwa 20–25 cm Länge. Ziehen Sie mit Kreide oder Textilmarker senkrechte Linien, die 8–15 cm lang sind. Steppen Sie entlang der Linien Zierstiche mit verschiedenen Garnfarben. Um die Fadenenden auf die linke Seite zu holen, ziehen Sie am Unterfaden, bis eine kleine Fadenschlinge entsteht. Diese mit einer Stecknadelspitze aufziehen, bis der Oberfaden auf der linken Seite hängt. Ober- und Unterfaden mehrfach miteinander verknoten.

(Idee/Realisation: Singer®)

Reih- oder Kräuselnaht

Kante einhalten

Beim Einhalten wird eine geringfügig längere Stoffkante auf das Maß einer kürzeren reduziert. Der Stoff wird dabei zusammengezogen, ohne in Falten gelegt zu werden. Profis beherrschen das Einhalten ohne Reihnaht, für Anfänger ist diese aber eine hilfreiche Unterstützung.

1 Steppen Sie jeweils 0,5 cm zu beiden Seiten der späteren Nahtlinie eine sogenannte Reihnaht auf das längere Stoffstück. Das ist eine Naht im Geradstich mit 4–5 mm Stichlänge. Die Reihfäden am Anfang und Ende lassen Sie etwa 10 cm lang herabhängen.

2 Stecken Sie nun die Stoffteile am Anfang und Ende rechts auf rechts aufeinander, das Zwi-

schenstück lassen Sie frei. Jetzt ziehen Sie beide Oberfäden am Anfang oder Ende der Doppelnaht so lange an, bis die Mehrweite auf die gleiche Länge zusammengeschoben ist wie das kürzere Gegenstück.

3 Schieben Sie die Stoffweite auf den Reihfäden gleichmäßig auseinander, sodass beim anschließenden Steppvorgang zwischen den Reihfäden keine Fältchen entstehen. Nach dem Steppen der Naht werden die Reihfäden wieder herausgezogen.

Reih- oder Kräuselnaht

Beim Einreihen oder Kräuseln wird viel Mehrweite einer Stoffkante gerafft und so zusammengeschoben, dass kleine, weiche Fältchen entstehen.

1 Steppen Sie mit Stichlänge 4–5 mm innerhalb der Nahtzugabe zwei parallele Reihnähte. Die Fadenenden lassen Sie etwa 10 cm lang herabhängen. Verknoten Sie an einem Ende beide Ober- oder Unterfäden dicht an der Stepplinie miteinander. Am anderen Ende ziehen Sie beide Ober- oder Unterfäden fest an, sodass sich die Stoffweite zusammenschiebt. Haben Sie die ge-

wünschte Länge der gekräuselten Kante erreicht, verknoten Sie auch hier die Fäden dicht an der Stepplinie.

2 Verteilen Sie die Mehrweite gleichmäßig durch Schieben auf die gesamte Länge. Zwischen den beiden Stepplinien entstehen senkrechte Fältchen. Jetzt steppen Sie die gereihte Kante auf das glatte Gegenstück.

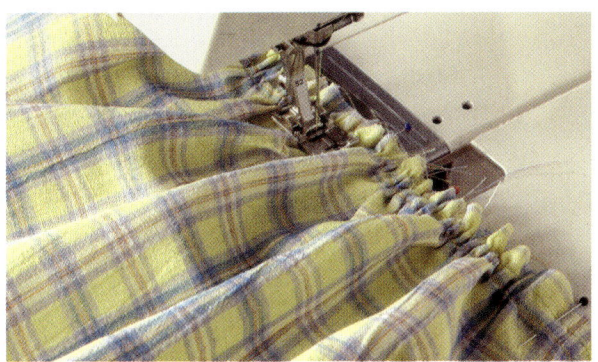

Die Kappnaht

Für die besonders widerstandsfähige Kappnaht, die Sie an jeder Jeans finden, müssen Sie mindestens 1,5 cm Nahtzugabe berechnen.

1 Legen Sie die Stoffteile entlang der Kanten links auf links aufeinander und steppen Sie die

Naht. Bügeln und anschließend die Nahtzugaben auf eine Seite bügeln. Die unten liegende Nahtzugabe auf 3 mm zurückschneiden. Die Kante der breiteren Nahtzugabe 5 mm breit einschlagen, über die schmalere Nahtzugabe klappen und bügeln. Dann entlang der Bruchkante schmalkantig aufsteppen.

Die französische Naht

Diese Naht eignet sich besonders für dünne und transparente Stoffe, da die Nahtzugaben, die bei diesen Stoffen von außen sichtbar sind, sauber darin verschwinden. Berechnen Sie hierfür 1,5 cm Nahtzugabe.

1 Legen, stecken und heften Sie den Stoff links auf links aufeinander und steppen Sie eine 1 cm breite Naht. Schneiden Sie die Nahtzugaben bis auf 3 mm zurück und bügeln Sie sie anschließend auseinander.

2 Falten Sie die Stoffteile entlang der Naht rechts auf rechts aufeinander und bügeln Sie entlang der Nahtkante. Steppen Sie 5 mm (bzw. füßchenbreit) neben der Nahtkante eine zweite Naht. Damit werden die Schnittkanten eingeschlossen. Die Nahtzugabe auf eine Seite bügeln.

Nähte für spezielle Materialien

Mit dem richtigen Know-how lassen sich auch die Stoffe problemlos verarbeiten, die auf den ersten Blick problematisch erscheinen. Ob sehr dünn oder sehr dick, für alles gibt es eine Lösung, manchmal einfacher als gedacht.

Sehr dünne Stoffe

Arbeiten Sie die französische Naht (s. S. 33). Manchmal gleitet sehr dünner Stoff nicht besonders gut unter dem Nähfuß oder lässt sich schwer transportieren. Dann empfiehlt es sich, Seidenpapier unter die unterste Stofflage zu legen – dadurch wird der dünne Stoff außerdem nicht so leicht in das Stichloch der Stichplatte gezogen. Nach dem Nähen lässt sich das Seidenpapier leicht beidseitig der Steppnaht abreißen, da es durch die Stiche perforiert ist. Benutzen Sie zum Nähen außerdem eine möglichst dünne, spitze Nadel (Stärke 60).

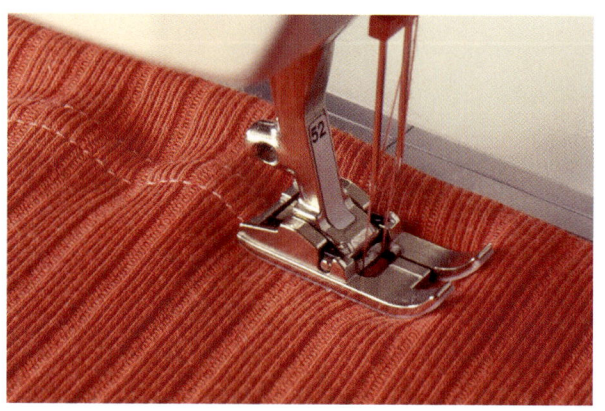

Elastische Stoffe

Verwenden Sie für Jersey immer eine Nadel mit Kugelspitze, da sie den Stoff nicht beschädigt. Haben Sie keinen Elastikstich an Ihrer Nähmaschine, stellen Sie einen flachen Zickzackstich mit Stichbreite 0,5–1 mm ein. So bleibt die Naht wie der Stoff leicht dehnbar. Soll eine Naht trotz dehnbarem Stoff nicht elastisch sein, z.B. eine Schulternaht, legen Sie beim Steppen ein gefaltetes Schrägband oder Nahtband mittig über den Nahtverlauf auf die oberste Stofflage. Dann steppen Sie die Naht inklusive dem Band. Zum Absteppen der Säume verwenden Sie eine Zwillingsnadel. Stecken Sie dafür zwei Garnspulen auf die Maschine, ziehen Sie beide Fäden zusammengefasst durch die Fadenführung und schließlich einzeln durch die zwei Nadelöhre der Nadeln.

Leder, Kunstleder und Lackstoff

Um Nadeleinstiche, die später sichtbar bleiben, zu verhindern, verwenden Sie bei diesen Materialien zum Zusammenstecken Klebeband. Eine andere Möglichkeit bietet sich mit Textil- oder Lederkleber. Fixieren Sie dabei die Teile in der Nahtzugabe dicht neben dem Nahtverlauf mit dem Kleber. Anschließend können Sie die Teile vorsichtig anprobieren, und auch beim Nähen verrutschen sie nicht. Verwenden Sie zum Nähen eine

Ledernadel, die dreikantig zugespitzt ist. Die Stichlänge sollte etwa 3–3,5 mm betragen.

Webpelze

Kunstpelze mit kurzen oder langen Haaren haben immer einen sogenannten Strich, der in Richtung der Haare verläuft. Schneiden Sie den Stoff immer gegen den Strich zu (mit der Hand fühlbar), nähen Sie die Nähte aber stets mit dem Strich. Nach dem Nähen legen Sie das Arbeitsstück mit der Florseite nach oben auf den Tisch. Ziehen Sie dann mit einer Stecknadel die Haare vorsichtig aus der Naht heraus und richten Sie die Haare auf. Drehen Sie das Nähgut auf die linke Stoffseite und schneiden Sie mit einer Schere den Flor entlang der Nahtzugaben weg; dadurch tragen die Nahtzugaben nicht zu sehr auf.

Stumpfe Nähnadel

Werden einzelne Stiche der Naht ausgelassen oder zieht die Nadel Querfäden, dann ist das ein sicheres Zeichen, dass die Nadel stumpf oder verbogen ist. Hier hilft nur noch, die alte Nadel zu entsorgen und eine neue einzusetzen. Ob eine Nadel noch spitz ist, erkennen Sie mit der Strumpfhosenprobe: Stechen Sie mit der Nadel in eine alte Feinstrumpfhose. Zieht die Nadel Fäden, ab in den Müll.

Besonderes Nähmaschinenzubehör

Wenn Sie öfter Materialien wie Seide, Leder, Kunstleder oder Webpelz verarbeiten, sollten Sie über die Anschaffung eines Obertransporters nachdenken. Dieser arbeitet synchron mit der Nadel und dem Untertransporter, sodass beide Stofflagen gleichmäßig miteinander transportiert werden. Bevor Sie in den teuren Obertransporter investieren, sollten Sie die Neuanschaffung einer Nähmaschine in Erwägung ziehen.

Für einige Nähmaschinen wird auch ein Walzenfüßchen angeboten, dessen Walze sich beim Nähen dreht und dabei die obere Stofflage auf die untere drückt. Auch auf diese Weise werden beide Stofflagen gleichmäßig transportiert.

Über Leder und Lackstoffe gleitet ein Füßchen mit Teflonbeschichtung besser als ein normaler Universalfuß. Ersatzweise hilft auch das Auflegen eines Seidenpapierstreifens.

Kanten versäubern

Damit sie nicht ausfransen, werden alle offenen, von der Innenseite des Kleidungsstückes her sichtbaren Schnittkanten versäubert. Verdeckt liegende Schnittkanten brauchen in der Regel nicht versäubert werden.

Zackenschere

Das Versäubern mit der Zackenschere empfiehlt sich nur bei festen Stoffen, sehr locker gewebte sind für diese Art der Schnittkantenversäuberung nicht geeignet. Schneiden Sie dafür mit der Zackenschere den Stoff in gleichmäßigem Abstand zur Naht ab.

Zickzackstich

Mit dem Zickzackstich (Stichlänge und -breite ca. 2–3 mm) versäubern Sie Schnittkanten an Stoffen sowohl schnell als auch haltbar (s. S. 26). Die Nahtzugaben von zwei Teilen werden entweder einzeln oder zusammengefasst versäubert.

Mit Zickzackstich abketteln

Schnittkanten im geraden oder schrägen Fadenlauf werden mit eng eingestelltem Zickzackstich, Stichlänge 0,2 mm, Stichbreite 1-5–2,5 mm, abgekettelt. Steppen Sie auf der Saumkante oder falten Sie die Zugabe um und steppen Sie entlang der Bruchkante. Anschließend die überstehenden Zugaben dicht an der Zickzackraupe wegschnei-

den. Im schrägen Fadenlauf kann die Kante auch gedehnt werden, das ergibt kleine Wellen.

Umgeschlagene Nahtzugaben

Bügeln Sie die Nahtzugaben auseinander. Schlagen Sie die Kanten der Stoffe jeweils etwa 3–5 mm auf die linke Seite und bügeln Sie den Bruch. Nun steppen Sie die Kanten jeweils dicht neben dem Bruch fest.

Mit Schrägband einfassen

Die Nahtzugaben ungefütterter Jacken und Mäntel werden mit Schrägband perfekt versäubert.

Fertig vorgefaltetes Schrägband

1 Stecken Sie das Band aufgefaltet rechts auf rechts auf die Stoffkante. Steppen Sie die Naht im Bügelbruch des Schrägbandes.

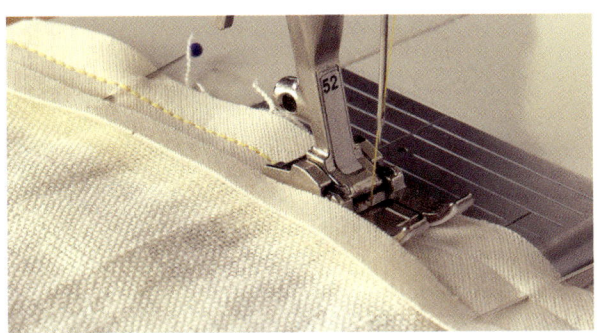

2 Klappen Sie das eingefaltete Schrägband um die Kante auf die linke Seite und stecken Sie es so fest, dass die Bruchkante 1 mm über die Nahtansatzkante hinausragt. Evtl. heften und von der rechten Seite aus in der Nahtansatzkante (= Nahtschatten) oder schmalkantig auf dem Schrägband steppen.

Schrägband selbst anfertigen

Mit einem Schrägbandformer, den Sie im Fachhandel erhalten, ist das Band im Handumdrehen passend zum Oberstoff gemacht.

1 Schneiden Sie das Band im schrägen Fadenlauf zu (s. S. 23). Die Breite des Streifens richtet sich nach der Größe des Schrägbandformers. Für sehr lange Streifen setzen Sie mehrere Streifen durch Stückeln aneinander: Dafür die schrägen Schmalseiten der Bänder so aufeinanderlegen, dass Sie ein „V" im rechten Winkel bilden. Jetzt steppen Sie die gerade Seite, an der die Ecken jeweils ca. 0,5 cm überstehen. Anschließend die Nahtzugaben auseinanderbügeln und die überstehenden Ecken abschneiden.

2 Schieben Sie den Anfang des Bandes in den Schrägbandformer und ziehen Sie etwas Band durch. Das fertig gefaltete Band mit dem Bügeleisen fixieren, während Sie den Schrägbandformer am Bügel langsam weiter bis zum Bandende ziehen, das Bügeleisen folgt dem Former. Anschließend die längs laufenden Bruchkanten aufeinanderfalten und bügeln.

Säume

Säume sind Abschlusskanten, z.B. am Rock, am Ärmel, an einer Hose oder einer Bluse. Sie lassen sich auf unterschiedliche Arten nähen. Wagen Sie sich ruhig an den Saumstich der Nähmaschine, er ist genauso „unsichtbar" wie ein Handsaum, haltbarer und viel schneller genäht.

Nähmaschinen-Hohlsaum

Entscheidend beim Maschinensaum ist die Faltung der Saumkante. Legen Sie den Stoff nach dem vereinfachten Schema, das Sie auf jeden Saum übertragen können.

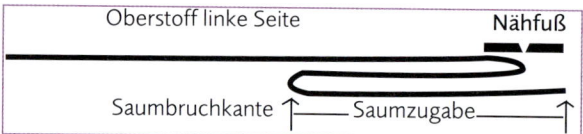

Die Stoffkante versäubern. Falten Sie die eingebügelte Saumbruchkante (= endgültige Länge des Saums) wie eine Ziehharmonika unter die rechte Stoffseite zurück, sodass die versäuberte Saumkante unter dem dadurch entstandenen Bruch 0,5 cm hervorschaut. Dann stellen Sie das Füßchen auf die linke Stoffseite, sodass die Einkerbung in der Mitte genau entlang des Bruches läuft. Der eingestellte Saumstich der Maschine steppt auf der Saumzugabe mehrere Geradstiche und zum Bruch hin einen Zickzackstich, der nur wenige Stofffäden des Oberstoffes entlang der Bruchkante aufnimmt (s. S. 26).

Gesteppter Saum

Eine sportliche Wirkung hat der sichtbar gesteppte Saum. Die Saumzugabe auf die linke Seite bügeln und die Schnittkante zusätzlich 1 cm breit auf die linke Seite unterschlagen, ebenfalls bügeln. Steppen Sie den Saum rundherum schmalkantig ab.

Ist die Saumzugabe sehr schmal, versäubern Sie die Stoffkante mit Zickzackstich oder der Zackenschere (s. S. 36). Bügeln Sie den Saum mindestens 0,75 cm breit um und steppen Sie ihn zum Bruch hin füßchenbreit (= 0,5 cm) fest.

Der gerundete Saum

Verläuft die Saumkante gerundet wie bei einem Glockenrock, muss die Weite entlang der Saumkante eingehalten werden.

Steppen Sie eine Reihnaht (s. S. 32) mit 0,5 cm Abstand zur versäuberten Saumkante. Bügeln Sie den Saum um. Den Unterfaden der Reihnaht so

weit anziehen, bis die Mehrweite flach auf dem darunterliegenden Stoff liegt. Achten Sie darauf, dass die Weite gleichmäßig verteilt ist. Die Mehrweite von der Saumkante aus einbügeln, es ergeben sich kleine Fältchen. Nun fixieren Sie den Saum von Hand oder mit der Maschine (s. S. 24 oder 38). Anschließend die Reihnaht entfernen.

Saum in Ecken verstürzen

Verstürzte Ecken werden bevorzugt an Hemdsäumen oder Jackenkanten gearbeitet, da sie einen sauberen Abschluss bilden.

Versäubern Sie die senkrecht und waagerecht verlaufenden Saumkanten. Falten Sie die versäuberte Saumzugabe an der vorderen Kante rechts auf rechts. Steppen Sie entlang der Nahtlinie der vorderen Kante den Saum von der Bruchkante weg nach oben fest. Die Naht bügeln, die Nahtzugabe in der Ecke schräg bis 2 mm vor die Ecke wegschneiden und die Ecke wenden. Die Ecke gut ausformen und bügeln.

Saum mit Briefecke

Diese Verarbeitung einer Saumecke ist bei dickeren Stoffen empfehlenswert, da die Nahtzugabe weggeschnitten wird. Die Schrägung der Ecknaht

Nähprojekt – Eleganter Schal

Nähen Sie drei, jeweils 25 cm breite Streifen Seidencrêpe (Länge 140 cm) in Grüntönen mit der französischen Naht (s. S. 33) aneinander. Die Kanten mit Zickzackstich abketteln (s. S. 36). Steppen Sie längs laufende Biesen mit der Zwillingsnadel: Fädeln Sie die Fäden von zwei Garnspulen zusammengefasst ein, die Fäden zum Schluss einzeln durch die Nadelöhre der zwei Nadeln fädeln. Steppen Sie die Biesen parallel und füßchenbreit. Noch einfacher geht das mit einem Biesenfuß, der automatisch den Abstand hält. Zum Abschluss verzieren Sie den Schal mit von Hand aufgenähten Pailletten und farblich passenden Strasssteinen. (Idee/Realisation: PFAFF®)

Saum mit Briefecke

4 Legen Sie die Saumkanten rechts auf rechts aufeinander, sodass die schräge Markierungslinie von der gebügelten Ecke weg deckungsgleich aufeinanderliegt. Steppen Sie die Markierungslinie von der Ecke bis zur Stoffkante. Die Nahtzugaben bis 0,5 cm zur Naht und an der Ecke schräg wegschneiden. Die Nahtzugaben auseinanderbügeln.

verläuft, bedingt durch die Breite der Nahtzugaben, in verschiedenen Winkeln.

1 Klappen Sie beide Saumkanten an der Ecke links auf links und bügeln Sie die Kanten ein. Ein Saum bleibt eingeklappt, der andere wird aufgeklappt. Markieren Sie die Breite des umgeklappten Saumes mit Kreide auf der Saumzugabe des offen liegenden Saumes. Dann den eingeschlagenen Saum wieder zurückklappen.

2 Markieren Sie wie vorher die Breite des zweiten Saumes auf der daran anstoßenden Saumzugabe und klappen Sie auch diesen Saum wieder auf.

3 Verbinden Sie die Endpunkte der Markierungen auf den Schnittkanten mit einer Linie, die durch die eingebügelte Ecke verläuft.

5 Wenden Sie die Ecke auf die rechte Seite. Die Ecke gut ausformen und erneut bügeln.

Kragen und Halsabschlüsse

Die Art des Kragens beziehungsweise der Ausschnittverarbeitung bestimmt wesentlich den Stil eines Kleidungsstückes. Die vielfältigen Kragenformen reduzieren sich beim Nähen grundsätzlich darauf, ob der Kragen mit oder ohne Stehkragen gearbeitet wird.

Rund geschnittener Stehkragen

Ein Stehkragen kann als gerader Streifen oder leicht gerundet zugeschnitten sein. Ein gerader Stehkragen steht leicht vom Hals ab, der gerundete Stehkragen passt sich der Halskontur besser an. Ist er mit Über- und Untertritt für den Verschluss gearbeitet, entspricht die Breite der Knopfleiste.

1 Schneiden Sie den gerundeten Stehkragen aus zwei Teilen zu, die Markierungen aus dem Schnittmuster unbedingt mit übertragen. Auf den innen liegenden Teil des Kragens bügeln Sie von links eine ebenso große Einlage auf. Nun schlagen Sie die untere Kante des innen liegenden Kragenteils in der Breite der Nahtzugabe auf die linke Seite und bügeln die Kante. Sie können sie dicht neben dem Bruch zusätzlich heften.

2 Legen Sie die Kragenteile rechts auf rechts aufeinander. Steppen Sie die beiden Schmalseiten und die obere Kragennaht mit kurzer Sticheinstellung, dabei die Nahtzugaben am Anfang und Ende offenlassen. Anschließend die Nahtzugaben auf 0,5 cm zurück- und an den Rundungen senkrecht bis kurz vor die Naht einschneiden. Die Naht bügeln.

3 Wenden Sie den Kragen auf rechts und formen Sie die Rundung symmetrisch aus. Entlang der Nahtlinie ausbügeln, sodass auf keiner Seite der Stoff der anderen Kragenhälfte zu sehen ist.

4 Stecken Sie die äußere Kragenkante rechts auf rechts auf den Halsausschnitt. Achten Sie darauf, dass die Markierungen an vorderer und hinterer Mitte sowie an den Schulternähten korrekt auf-

einanderliegen. Nähen Sie den Kragen an den Halsausschnitt. Anschließend die Nahtzugaben in den Kragen bügeln.

5 Stecken Sie die Kante des inneren Kragens eingeschlagen über die Nahtlinie. Hier können Sie den Kragen mit der Hand oder mit der Maschine festnähen. Wenn Sie mit der Maschine arbeiten, fixieren Sie ihn von der rechten Seite her, entweder schmalkantig oder in der Nahtansatzlinie (= Nahtschatten absteppen).

Hemdkragen mit Steg

Diesen Kragen kennen Sie von klassischen Hemdblusen oder Herrenhemden.

1 Schneiden Sie beide Kragen- und Stehkragenteile aus Oberstoff und nach Angaben der Nähan-

leitung auch aus Einlage zu. Die Einlage auf den linken Stoffseiten aufbügeln.

2 Legen Sie die Kragenteile rechts auf rechts und steppen Sie sie entlang der seitlichen und der äußeren Kragenkante aufeinander. Die Nahtzugaben auf 0,5 cm zurück-, an Rundungen senkrecht ein- und an den Ecken schräg wegschneiden. Die Naht bügeln und den Kragen wenden. Die Kanten ausformen, heften und bügeln, evtl. schmalkantig absteppen.

3 Die Zuschnitte des Kragenstegs rechts auf rechts legen, dazwischen legen Sie den Kragen, sodass alle Kanten bündig aufeinanderliegen. Unbedingt die Einsatzmarkierungen der Schnittteile beachten. Den Kragensteg entlang der Schmalseiten und der Längskante aufeinandersteppen, der Kragen wird dabei mitgefasst. Dann die Nahtzugaben wie vorher zurück- und einschneiden, den Steg wenden und bügeln.

4 Die untere Kante des innen liegenden Stegteils entlang der Nahtlinie nach links bügeln. Danach arbeiten Sie Schritt 4 und 5 des Stehkragens (s. S. 41 f.).

Umlegekragen mit Schrägband

Dieser Kragen, auch Bubikragen genannt, wird direkt an den Halsausschnitt angesetzt. Er wird mit einem Beleg oder Schrägstreifen befestigt.

1 Schneiden Sie einen 3 cm breiten Stoffstreifen in Halsausschnittweite plus 3 cm im schrägen Fadenlauf zu (s. S. 23). Die Kragenteile aus Oberstoff und Einlage zuschneiden, die Einlage aufbügeln. Ober- und Unterkragen rechts auf rechts

legen, die Seiten- und die Außennaht steppen. Die Nahtzugaben an den Rundungen senkrecht ein- und an den Ecken schräg wegschneiden. Bügeln, auf rechts wenden, die Kanten heften und erneut bügeln.

Ausschnitt ohne Kragen

Ein Halsausschnitt ohne Kragen wird ohne Beleg genauso wie der Umlegekragen mit Schrägband eingefasst, hier lassen Sie einfach den Kragen weg.

2 Beide Kragenteile an den vorderen Kanten etwa 4 cm lang aneinanderanstoßend zusammenheften.

3 Den Kragen auf die rechte Stoffseite des Halsausschnittes legen, darüber rechts auf rechts das Schrägband; die Enden 1 cm breit auf die linke Seite einschlagen. Stecken, heften und nähen.

4 Die Nahtzugaben des Kragens und des Halsausschnitts auf 0,5 cm zurück- und in den Rundungen senkrecht einschneiden. Das Schrägband mit den Nahtzugaben auf die linke Stoffseite falten. Stecken, heften und bügeln. Den Kragen zur Seite klappen und das Schrägband von der rechten Stoffseite her schmalkantig neben der Kragenansatznaht feststeppen.

Der Formbeleg

Ein Formbeleg oder -besatz wird an der Ausschnittkante verstürzt, er ist in der Regel ein extra Schnitteil auf dem Schnittbogen.

1 Falls erforderlich, bügeln Sie eine Einlage auf die Belege. Die Schulternähte der Belege und des Vorder- und Rückteils schließen, die Nahtzugaben versäubern und auseinanderbügeln. Den Beleg rechts auf rechts auf die Halsausschnittkante stecken. Achten Sie darauf, dass Einsatzmarkierungen sowie die Schulternähte von Beleg und Oberteil genau übereinanderliegen. Den Beleg in Nahtzugabenbreite feststeppen.

2 Die Naht bügeln, die Nahtzugaben 0,5 cm breit zurück- und in den Rundungen senkrecht einschneiden. Den Beleg auf die linke Seite

klappen, die Kante heften und bügeln. Abschließend den Beleg von rechts schmalkantig feststeppen und die unteren Belegkanten versäubern. Soll keine Steppnaht auf der rechten Seite zu sehen sein, arbeiten Sie eine Stütznaht: Sie steppen die Nahtzugaben von Beleg und Halsausschnitt neben der Ansatzkante schmalkantig auf den Beleg.

Der angeschnittene Beleg oder Besatz

Ein angeschnittener Beleg oder Besatz wird in der Verlängerung des Schnittteils zugeschnitten und entlang der Ausschnittkante, z.B. am Vorderteil einer Bluse, umgeschlagen. Zur Versäuberung des Halsausschnittes wird meistens noch der Beleg für das Rückenteil angesetzt.

1 Die Schulternähte des Kleidungsstückes, ebenso die des angeschnittenen Besatzes und des rückwärtigen Belegs schließen. Die Nahtzugaben versäubern und auseinanderbügeln. Den Besatz von der vorderen Kante aus rechts auf rechts auf den Halsausschnitt stecken und heften, dabei alle Einsatzmarkierungen beachten; die Schulternähte von Beleg und Oberteil liegen aufeinander.

2 Steppen Sie den Beleg in Nahtzugabenbreite entlang des Halsausschnittes von der Vorderseite über das Rückenteil bis zur gegenüberliegenden Vorderseite. Die Naht bügeln und die Nahtzugaben 0,5 cm breit zurück-, an Rundungen senkrecht ein- und an den Ecken im 45-Grad-Winkel wegschneiden. Versäubern Sie die unteren Besatzkanten. Wenden Sie den Besatz auf die linke Stoffseite. Die Kanten gut ausformen, heften und bügeln. Von rechts absteppen oder auf der linken

Seite eine Stütznaht (s. Formbeleg S. 44, Schritt 2) zur Fixierung steppen.

Ausschnitt mit Schlitzblende

1 Die Blendenstreifen mit Einlagen vorbereiten, den Halsausschnitt mit Beleg oder Schrägstreifen, eventuell auch mit Kragen arbeiten. Stecken und heften Sie beide Blenden entlang der Vorderteilkanten, dabei die Nahtzugaben oben überstehen- und unten offen lassen. Die Nähte bügeln und die Blenden über die Nahtzugaben zur Mitte hin klappen; erneut bügeln.

2 Die Blenden rechts auf rechts falten, die oberen Kanten aufeinanderstecken und -steppen, an der rechten Blende auch die untere Querkante. Die Nahtzugaben zurückschneiden und bügeln,

die Blenden wenden und erneut bügeln. Schneiden Sie das Vorderteil von den unteren Ecken zur Blendenansatznaht hin schräg ein. Klappen Sie die Nahtzugabe der linken Blende entlang der Längskante ein und stecken Sie diese unter der Ansatznaht fest, heften und bügeln. Die Blende von der rechten Seite her schmalkantig oder in der Ansatznaht feststeppen. Die untere Querkante rechts auf rechts auf die untere Ausschnittkante legen und die Naht von Ecke zu Ecke steppen. Die Nahtzugaben zusammengefasst versäubern und auf der linken Seite nach unten gerichtet bügeln.

3 Die Nahtzugaben der rechten senkrechten Blendenkante nach innen falten, heften und bügeln. Unter der Ansatznaht feststecken. Auf der rechten Seite vom Halsausschnitt aus schmalkantig feststeppen, im weiteren Verlauf die untere Querkante ab- und auf das Oberteil aufsteppen.

Ärmel

Ob weit oder schmal, kurz oder lang, mit oder ohne Manschette – fast jedes Oberteil hat Ärmel. Die Arbeitsschritte, wie Ärmel in das Armloch genäht, der Saum oder die Manschetten gearbeitet werden, lassen sich auf viele Formen anwenden.

Ärmelabschlüsse

Nähen Sie, wenn möglich, immer vom Feinen zum Groben. Bei den Ärmeln bedeutet das: Zuerst den Schlitz und die Manschetten, dann die Ärmelnaht und schließlich den Ärmel in das Armloch einsetzen.

Ärmel mit Tunnelzug

Die Längskanten des Ärmels rechts auf rechts legen und in Nahtzugabenbreite steppen. Die Nahtzugaben versäubern und auseinanderbügeln. Die Ärmelkante entlang der Saumlinie auf die linke Seite bügeln. Die Schnittkante erneut 0,7–1 cm breit einschlagen und bügeln, mit Nadeln feststecken. Den Saum von der rechten Seite her schmalkantig absteppen, dabei einen Schlitz über der Nahtzugabe der Ärmelnähte für den Gummieinzug offenlassen. Ziehen Sie einen Elastikgummi mit Sicherheitsnadel in den Tunnel ein und steppen Sie die Enden aufeinander. Die Länge des Gummibandes sollte der Handgelenkweite plus 4 cm entsprechen. Die Schlitzöffnung zunähen.

Verstürzter Ärmelschlitz

Ein Schlitz ist nötig, wenn der Ärmel eine Manschette erhält. Die Ärmelweite wird mit der Manschette zusammengefasst, durch den Schlitz öffnet sich die Ärmelkante und Sie können mit der Hand durchgreifen.

1 Schneiden Sie aus dem Oberstoff ein 6 cm breites Rechteck in Schlitzlänge plus 2,5 cm zu. Die Kanten des Stoffrechteckes versäubern, den Schlitz auf das Rechteck mittig aufzeichnen. Den Beleg deckungsgleich über die Markierung des Ärmelschlitzes stecken, die untere Kante schließt dabei bündig mit der Ärmelkante ab. Steppen Sie mit 3 mm Abstand um die Schlitzmarkierung herum, die Stichlänge stellen Sie dafür auf 1,5–2 mm ein.

2 Schneiden Sie den Schlitz entlang der Markierung ein, zu den Ecken hin beidseitig im 45-Grad-Winkel bis kurz vor die Naht. Die Naht bügeln und den Schlitzbeleg auf die linke Seite ziehen, bis er flach unter dem Ärmel liegt. Die Schlitzkanten heften und bügeln.

3 Bügeln Sie die Schlitzkanten so, dass der Beleg von außen nicht sichtbar ist. Dann den Schlitz von rechts rundherum schmalkantig absteppen.

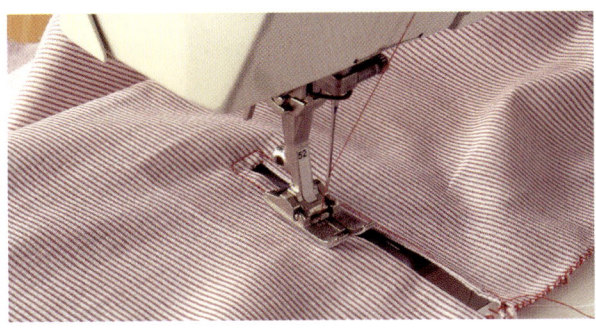

Der eingefasste Ärmelschlitz

1 Schneiden Sie pro Ärmel einen etwa 3 cm breiten Streifen aus dem Oberstoff in doppelter Schlitzlänge plus 2,5 cm zu. Bügeln Sie beide Längskanten 0,5 cm breit nach links um. Ziehen Sie den Schlitz zu einer geraden Linie auseinander. Die Bügelkante des Stoffstreifens an einer

Seite aufklappen und entlang dieser Kante rechts auf rechts auf den Schlitz stecken. Den Streifen entlang der 0,5 cm breiten Bügelmarkierung feststeppen. Achtung, an der Spitze des Schlitzes dürfen keine Falten entstehen!

2 Die Nahtzugaben in den Schlitzstreifen bügeln. Falten Sie den Einfassstreifen zur linken Seite, sodass der gegenüberliegende Bügelbruch des Streifens genau über der Ansatznaht liegt. Den Streifen feststecken und dicht neben dem Bügelbruch aufsteppen.

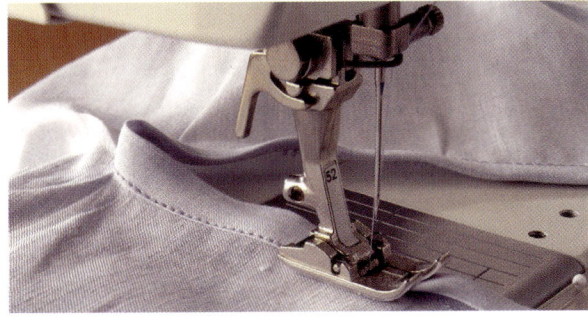

3 Nun legen Sie den Schlitz wieder in seine ursprüngliche Form, der Ärmel liegt dabei rechts auf rechts aufeinander, die Einfassstreifen am Ärmelschlitz rechts auf rechts übereinander. Steppen Sie den Einfassstreifen vom Endpunkt des Schlitzes weg mit einer Schräge ab, dabei die Nahtenden sichern.

Manschette mit Über- und Untertritt

Manschetten, die an einen Blusen- oder Hemdärmel genäht werden, haben für den Verschluss einen Über- und einen Untertritt. Der Übertritt ist stets zur Ärmelrückseite gerichtet, auf ihm befinden sich die Knopflöcher. Der Untertritt mit den Knöpfen liegt darunter und richtet sich zur Ärmelvorderseite. Vor dem Nähen der Manschette verringern Sie die Ärmelweite entsprechend der Nähanleitung durch Einreihen (s. S. 32) oder legen Sie die Kante in Fältchen (s. S. 52).

1 Bereiten Sie die Manschetten mit Einlage vor. Bügeln Sie die Nahtzugaben an den Längskanten der Manschetten auf die linke Seite, anschließend die Bruchkante aufeinanderlegen und noch einmal bügeln.

2 Stecken Sie die Manschette rechts auf rechts auf die Ärmelkante, beachten Sie dabei die Markierungen für Über- oder Untertritt entsprechend der Schnittvorlage. Die Manschette auf den Ärmel steppen und die Nahtzugaben in die Manschette gerichtet bügeln.

3 Verstürzen Sie die seitlichen Kanten: Die Manschette rechts auf rechts falten, die Nahtzugaben sind nach innen geklappt. Die Schmalseiten aufeinanderstecken und die Naht steppen. Die Nahtzugaben auf 0,5 cm zurück- und zu den Ecken hin schräg wegschneiden. Die Nähte bügeln.

4 Die Manschette auf die rechte Seite wenden, dabei die Ecken gut ausformen. Die Manschettenkante bügeln. Stecken und heften Sie die innere Manschettenkante auf der linken Ärmelseite

über der Ansatznaht fest. Nähen Sie die Kante mit Handstichen auf der Innenseite fest oder steppen Sie die Manschettenkante von der rechten Seite her. In den Übertritt ein oder mehrere Knopflöcher nähen, die Knöpfe auf den Untertritt.

Ärmel einsetzen

Damit ein Ärmel gut sitzt und sich keine Zugfalten bilden, sind drei Punkte entscheidend für ein perfektes Ergebnis:

- Die Einsatzmarkierungen an Ärmel und Vorderteil müssen genau aufeinandertreffen.
- Die Ärmel- und Seitennähte müssen aufeinandertreffen.
- Die obere Mittelmarkierung an der Armkugel trifft genau auf die Schulternaht.

1 Steppen Sie zwei Reihnähte zwischen der Nahtlinie und der Schnittkante zwischen den Markierungspunkten, die Fäden etwa 10 cm lang herabhängen lassen. Falten Sie den Ärmel rechts auf rechts, stecken und steppen Sie die Ärmelnähte. Die Nahtzugaben versäubern und auseinanderbügeln.

2 Stecken Sie den Ärmel rechts auf rechts in das Armloch. Stecken und heften Sie den Ärmel von

der Ärmelseite aus fest. Dabei genau die Einsatzmarkierungen beachten. Den Ärmel ebenfalls von der Ärmelseite aus in das Armloch steppen. Soll zwischen den Reihnähten die Weite nur eingehalten werden, achten Sie darauf, dass sich an der Armkugel keine Fältchen bilden. Die Nahtzugaben zusammengefasst versäubern und bügeln; entsprechend der Nähanleitung in das Oberteil oder in den Ärmel gerichtet.

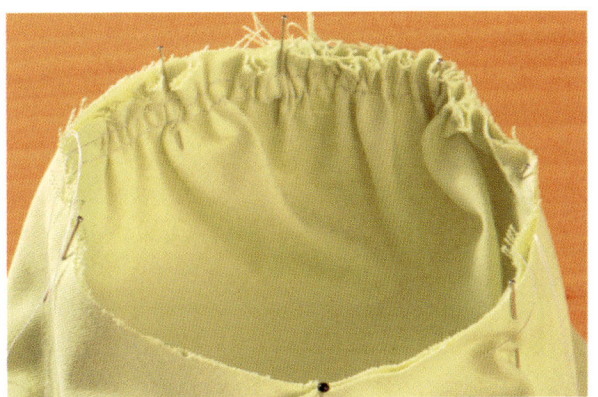

Sichtbare Reihnähte

Bei stark gerüschten Puffärmeln, z.B. in der Trachtenmode, werden die Reihfäden sichtbar verarbeitet. Das bedeutet, diese werden nicht innerhalb der Nahtzugabe genäht. Um das Einsetzen des Ärmels zu erleichtern, nähen Sie eine weitere Reihnaht innerhalb der Nahtzugabe. Die Naht wird zwischen dieser und der nächsten Reihnaht gesteppt.

Taillenbund

Ob Rock oder Hose, in der Regel geht es nicht ohne Bund. Meistens ist der Bund fest und wird mit Unter- und Übertritt gearbeitet. Für bequemere Kleidungsstücke im Freizeitbereich ist aber auch ein Stretchbund oder Tunnelbund mit Elastikgummi möglich.

Gerader Taillenbund

Äußerst praktisch ist Bundfix (z.B. von Vlieseline) als Einlage, denn damit haben Sie bereits vorgestanzte Kanten für die Ansatznaht und die Nahtzugaben. Es ist für eine fertige Bundbreite von 25, 30 oder 35 mm erhältlich. Der Untertritt ist der Bereich, der an der Verschlusskante unter dem Bund liegt und auf dem der Knopf genäht ist. Der Übertritt endet bündig mit der Verschlusskante, dort wird das Knopfloch eingearbeitet.

1 Schneiden Sie den Bund aus Stoff in der erforderlichen Länge mit Über- und Untertritt zu, die Breite übernehmen Sie vom Stanzband. Bügeln Sie die Einlage auf die linke Stoffseite.

2 Markieren Sie auf dem Bund die Einsatzmarkierungen der Seitennähte, der rückwärtigen und vorderen Mitte. Stecken Sie den Bund rechts auf rechts auf die Taillenkante; achten Sie dabei auf die Übereinstimmung der Lage der Markierungen mit den Nähten. Steppen Sie den Bund entlang der Perforierung der Einlage fest. Die Nahtzu-

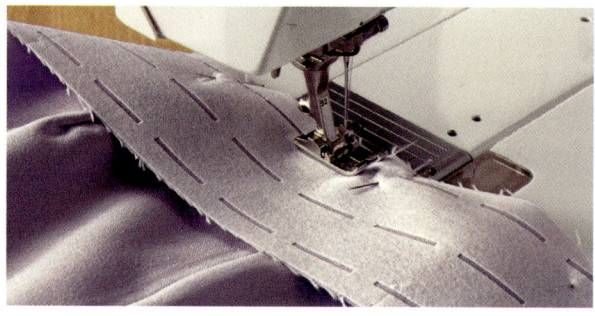

gaben in den Bund gerichtet bügeln, außerdem die gegenüberliegende Nahtzugabe an der Längskante auf die linke Seite bügeln.

3 Legen Sie den Bund rechts auf rechts aufeinander mit eingeschlagenen Nahtzugaben. Verstürzen Sie die beiden Schmalseiten mit einer 1 cm breiten Naht, die Nahtzugaben an den oberen Ecken schräg wegschneiden.

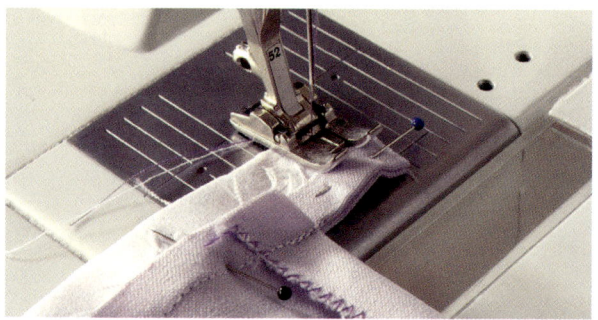

4 Den Bund wenden und bügeln. Stecken Sie den Bund rundherum entlang der Ansatznaht fest und steppen Sie ihn schmalkantig neben der Bruchkante auf; Sie können ihn aber auch mit der Hand festnähen.

Stretchbund

Stretchbündchen gibt es fertig für Ärmel oder Taille aus Maschenware, sie können aber auch Meterware passend zuschneiden.

1 Schließen Sie den offenen Stretchbund mit einer 1 cm breiten Naht zum Ring. Die Nahtzugaben vorsichtig auseinanderbügeln. Legen Sie bei Rock oder Hose die vordere und rückwärtige Mitte sowie die Lage der Seitennähte auf dem Bündchen mit Hilfe von Nadeln fest, Sie erhalten diese durch Vierteln der Weite. Den Bund bündig rechts auf rechts über die Kante Ihres Kleidungsstückes stecken; beachten Sie dabei die Nahtmarkierungen.

2 Den Stretchbund mit Geradstich aufsteppen. Dabei wird der Bund zwischen den Markierungen immer so weit gedehnt, dass die Mehrweite des

darunterliegenden Stoffes glatt liegt. Klappen Sie den Bund zur Hälfte um, sodass die Nahtzugaben vom Bund eingefasst werden. Mit Nadeln feststecken und rundherum von der rechten Seite her gedehnt aufsteppen.

Tunnelbund

Tunnelzüge sind bequem und daher häufig an Freizeitkleidung zu finden. In den Tunnelbund kann entweder Elastikgummi eingezogen werden oder ein Bindeband bzw. Elastikgummi, an dessen Enden Bindebänder fixiert sind, die in der vorderen Mitte gebunden werden.

1 Arbeiten Sie den Tunnel wie beim Ärmel (s. S. 46).

2 Für einen Tunnel mit Kordel oder Bindeband, die vorne gebunden werden, lassen Sie in der vorderen Mittelnaht in Höhe des Tunnels einen etwa 1 cm breiten Schlitz offen oder arbeiten beidseitig der Naht zwei kleine, senkrechte Knopflöcher in den Oberstoff.

3 Bei mehreren nebeneinanderliegenden Tunneln ziehen Sie die Gummibänder nacheinander von oben nach unten ein und schließen die Öffnungen mit Handstichen.

Abnäher und Falten

Mit Abnähern passen Sie eng anliegende Stoffteile den Körperrundungen wie Taille, Brust oder Hüften an. Mit Falten vermindern Sie die Mehrweite, die an der Hüfte benötigt wird, und können so eine Anpassung auf Taillenweite vornehmen.

Abnäher

1 Legen Sie die Markierungen des Abnähers rechts auf rechts aufeinander und fixieren Sie die Stofflagen mit Stecknadeln. Steppen Sie den Abnäher vom breiten Ende zur Spitze und lassen Sie ihn an der Spitze flach auslaufen. Sichern Sie Nahtanfang und -ende mit Rückstichen und lassen Sie die Fadenenden an der Abnäherspitze ca. 10 cm lang herabhängen.

2 Zur Sicherheit die beiden Fadenenden an der Spitze zu einer Schlinge verknoten. Dafür stecken Sie eine Nadel in die Spitze des Abnähers und verknoten die Fäden um die Nadel herum. Dann

die Fäden dicht am Knoten abschneiden und zuletzt die Nadel entfernen.

3 Bügeln Sie den Abnäher von der linken Seite bis zur Spitze. Anschließend bügeln Sie den Abnäher von der rechten Stoffseite aus. Generell gilt: Senkrechte Abnäher werden zur vorderen beziehungsweise rückwärtigen Mitte gebügelt, waagerechte Abnäher nach unten.

Falten

Falten findet man bei Röcken, Hosen, an Ärmelbündchen und manchmal auch anstelle von Abnähern. Es gibt verschiedene Faltenarten, immer hat eine Falte einen Außenbruch (X) und eine Anstoßlinie (O), auf die der Bruch gelegt wird. Dazwischen befindet sich die Faltentiefe. Mittig auf der Faltentiefe liegt der Innenbruch, der beim Falten entsteht. Markieren Sie die Faltlinien mit dem Kopierrädchen auf dem Stoff.
Bei Röcken immer erst den Saum einbügeln, danach die Falten! So ersparen Sie sich eine Menge Arbeit.

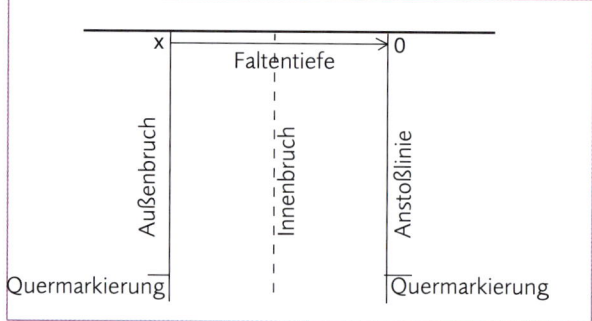

Einseitige Falten

1 Legen Sie X auf 0 rechts auf rechts und steppen Sie die Falte von der linken Stoffseite bis zur Quermarkierung. Die Naht bügeln.

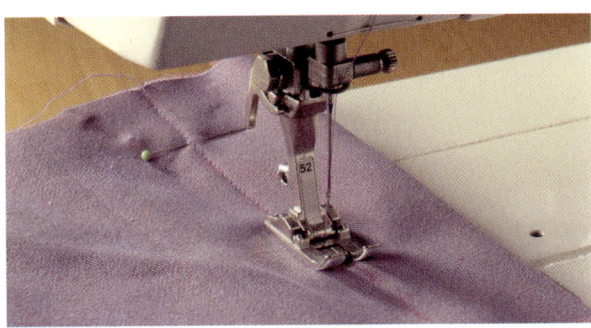

2 Auf diese Weise arbeiten Sie mehrere Falten nebeneinander. Die Falten laufen dabei zum Bund hin schräg oder gerade, Sie können die Falten zusätzlich von der rechten Stoffseite bis zur Quermarkierung (s. Zeichnung S. 52) absteppen. Die Falten zu einer Seite bügeln.

Quetschfalte

Die Bruchkanten der Außenbrüche gehen voneinander weg, die der Innenkanten zueinander.

Legen Sie auf beiden Seiten X auf O, die Innenbrüche stoßen mittig unter der Faltenoberseite zusammen. Die Anstoßlinie der Innenbrüche von links steppen, die Faltenlinien bügeln. Zusätzlich

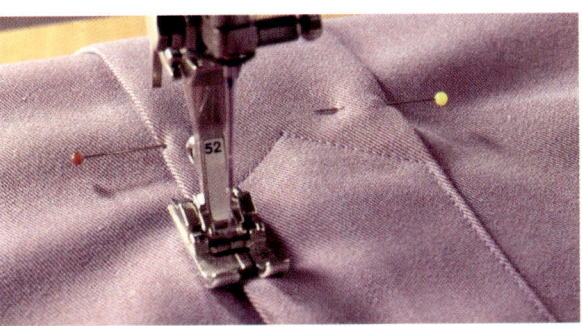

können die Falten von rechts mit einem Dreieck oder einer quer liegenden Naht abgesteppt werden.

Keller- oder Golffalte

Hier weisen die Außenbrüche zueinander, während die Innenbrüche voneinander weggerichtet sind.

Legen Sie die beiden Punkte X auf O, die Falten heften und einbügeln. Die Falte von der linken Stoffseite bis zur Quermarkierung steppen, das Nahtende sichern. Faltenbrüche bügeln. Je nach Wunsch von der rechten Seite her schmalkantig absteppen, dabei in Höhe der Quermarkierung die Stepplinie schräg oder im rechten Winkel verlaufen lassen. Die Faltenbrüche bis zur Saumkante können auf Wunsch im Verlauf schmalkantig abgesteppt werden, so sind die Faltenbrüche dauerhaft fixiert.

Taschen

Taschen an Kleidungsstücken haben häufig keine Funktion, sondern sind in erster Linie dekoratives Stylingelement. Die aufgesetzte Tasche finden Sie an vielen Hemden, Jacken und Mänteln, die Paspeltasche ist eine hochwertige Verarbeitung an Blazern und Mänteln.

Aufgesetzte Tasche

1 Falten Sie den angeschnittenen Besatz entlang der Umbruchlinie rechts auf rechts und steppen Sie die seitlichen Kanten des Besatzes. Schneiden Sie die Nahtzugaben an den Ecken der Umbruchlinie des Besatzes schräg weg und wenden Sie den Besatz auf die linke Seite.

2 Bügeln Sie alle Nahtzugaben nach links und arbeiten Sie die unteren beiden Ecken als Briefecke (s. S. 39 f.).

3 Die Taschenkanten rundum bügeln, nach Wunsch die obere Taschenkante schmalkantig

und/oder in Besatzbreite absteppen. Die Tasche entlang der Markierung aufstecken und von rechts, beginnend an einer Längskante über die Querkante hin zur anderen Längskante, feststeppen. Sichern Sie Nahtanfang und -ende mit einem Riegel, da die Eingriffstellen an der Tasche extremer Belastung ausgesetzt sind.

Paspeltasche

1 Bügeln Sie auf die Rückseite der Tascheneingriffsmarkierung mittig einen Einlagestreifen auf, der nach allen Seiten des Eingriffes 2 cm übersteht. Legen Sie den oberen Taschenbeutel nach oben gerichtet rechts auf rechts über die Markierung auf der Vorderseite. Den unteren Taschen-

beutel daran anstoßend nach unten gerichtet auflegen. Beide Beutel feststecken und das Rechteck rund um die Tascheneingriffsmarkierung steppen.

2 Entlang der markierten Tascheneingriffslinie den Oberstoff auf- und zu den Ecken hin im 45-Grad-Winkel bis kurz vor die Naht einschneiden. Bügeln Sie die Naht und wenden Sie beide Taschenbeutel durch den Schlitz zur linken Seite. Dabei werden auch die kleinen Dreiecke in den eingeschnittenen Ecken zur linken Seite geklappt. Bügeln Sie die Nahtzugaben und die Taschenbeutel vom Schlitz weg entlang der Nahtlinien, der Stoff der Paspel darf vorne nicht sichtbar sein.

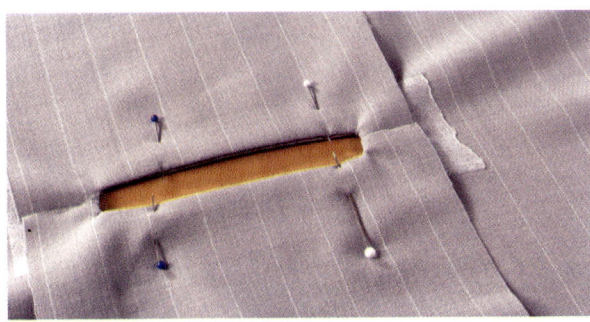

3 Schieben Sie nun die beiden Taschenbeutel so zum Eingriffsschlitz hin, dass zwei gleichbreite Stofffalten (Paspeln) entstehen, die in der Schlitzmitte aneinanderstoßen. Die Paspeln stecken und

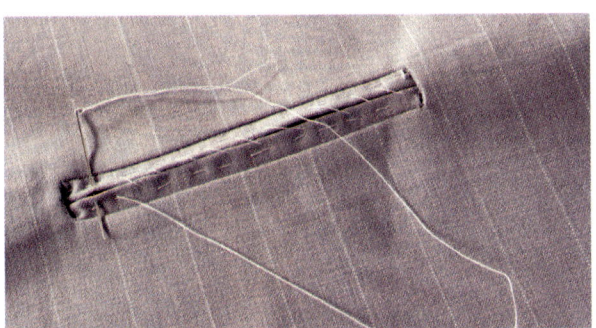

mit quer liegenden Heftfäden vorläufig aneinanderheften.

4 Den Oberstoff auf der Innenseite entlang der Taschenkanten zurückfalten, sodass die Nahtlinie des oberen Tascheneingriffs und des Schlitzes zu sehen ist. Steppen Sie die Nahtzugaben des oberen Tascheneingriffs und die des eingeschnittenen Schlitzes aufeinander. Dadurch wird die Paspel fixiert. Wiederholen Sie diesen Arbeitsschritt am unteren Taschenbeutel.

5 Die Paspeln erneut bügeln. Den oberen Taschenbeutel auf den unteren klappen und die Kanten aufeinanderstecken. Steppen Sie die Taschenbeutel rundum aufeinander, Anfang und Ende bilden die seitlichen Paspelenden, dabei werden auch die eingeschnittenen Dreiecke übersteppt. Versäubern Sie die Taschenkanten und entfernen Sie die Heftfäden.

Verschlüsse

Ob Jacke, Bluse, Mantel oder Hose, kaum ein Kleidungsstück kommt ohne Verschluss aus, und sei es auch nur zur Zierde. Die wichtigsten Verschlussarten sind Knöpfe und Reißverschlüsse. Dazu kommen Druckknöpfe zum Einschlagen, Haken und Ösen, Klettband und vieles mehr.

Knöpfe annähen

1 Das Fadenende mit einigen kleinen Stichen fixieren. Legen Sie den Knopf mittig auf und nähen Sie ihn durch die Löcher fest. Bei Knöpfen mit vier Löchern können Sie die Fäden in zwei Strängen nebeneinanderliegend oder im Viereck durchziehen. Es ist auch möglich, dass sich die Knopflochfäden überkreuzen.

2 Ist der Knopf fixiert, stechen Sie die Nadel auf der Oberseite des Stoffes unterhalb des Knopfes aus. Wickeln Sie den Nähfaden mehrmals um die Fäden unterhalb des Knopfes. Dann die Nadel auf die linke Seite durchstechen und den Faden vernähen.

Bei sehr dicken Stoffen benötigt der Knopf einen Stiel, damit sich keine Falten ziehen. Legen Sie beim Annähen zwischen Knopf und Stoff einen Zahnstocher, den Sie vor dem Umwickeln mit dem Nähfaden herausziehen. Beim Umwickeln wird der Abstand der Fäden zum Stiel zusammengefasst.

Knopfloch mit der Nähmaschine

Knopfloch ohne Knopflochautomatik

1 Markieren Sie das Knopfloch auf der rechten Stoffseite. Die Stichlage der Nadel auf links stellen, Sticheinstellung Zickzack mit 0,25 mm Stichlänge und 2 mm Stichbreite. Mit der Nadel am Ende der Knopflochmarkierung einstechen (Nadelposition links) und bis zum Ende der Markierung steppen.

2 Drehen Sie das Handrad, sodass die Nadel im Stoff steckt. Den Nähfuß heben, die Stichlage der Nadel auf die mittlere Position stellen und den Stoff um 180 Grad um die Nadel drehen. Den Fuß senken. Nähen Sie mit doppelter Stichbreite (4 mm) einen Riegel mit 6 Stichen. Die Nadel im Stoff auf der Außenseite stecken lassen, den Nähfuß anheben.

3 Für die zweite Knopflochraupe stellen Sie die Stichbreite wieder auf 2 mm, senken den Nähfuß und nähen die Raupe bis zum Beginn der ersten Raupe. Die Nadel muss jetzt an der Außenkante

des Knopfloches im Stoff stecken bleiben. Erneut einen Riegel mit doppelter Stichbreite steppen. Um den Faden zu fixieren, stellen Sie die Stichbreite auf »0« und nähen drei Stiche. Schneiden Sie das Knopfloch mit einer spitzen Schere oder einem Pfeiltrenner auf.

Knopflöcher mit Automatik nähen

Die genaue Arbeitsweise der Knopflochautomatik Ihrer Maschine finden Sie in der Bedienungsanleitung. Voraussetzung ist ein spezieller Knopflochfuß. Im Aussehen unterscheiden sich die Knopflöcher nicht, aber die Automatik bedeutet eine große Arbeitserleichterung, denn Sie müssen nur die Länge des ersten Knopfloches aufzeichnen und anschließend das Knopfloch mit der Automatik nähen. Für die weiteren Knopflöcher übernimmt die Automatik die vorher genähte Länge. Es reicht, wenn Sie die Lage der Knopflöcher markieren

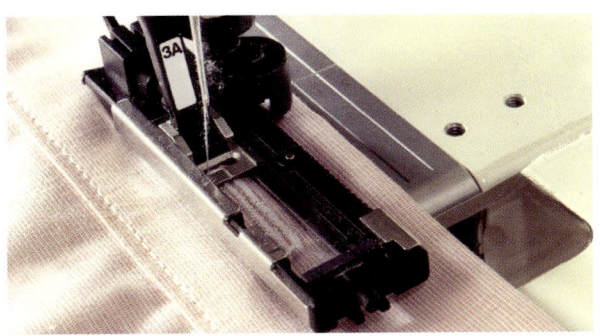

Reißverschlüsse

Bei Reißverschlüssen unterscheidet man vier Arten: den Standard-, den Naht-, den Hosen-, und den teilbaren Reißverschluss.

Der verdeckt eingesetzte Standardreißverschluss

Dieser Reißverschluss ist an einem Ende geschlossen und kann verdeckt oder sichtbar eingesetzt werden.

1 Die Naht bis zur Einsatzmarkierung schließen, weiter den Reißverschlussschlitz mit Heftstichen schließen. Die Nahtzugaben auseinanderbügeln und die Kanten versäubern. Legen Sie den Reißverschluss mit der rechten Seite so auf die Nahtzugaben, dass die Zähnchen genau mittig über der Heftnaht liegen. Dann stecken Sie das Reißverschlussband auf der Nahtzugabe fest und heften es an einer Seite entlang der äußeren Kante. Auch das andere Reißverschlussband auf die Nahtzugabe heften. Das Nähgut auf die rechte Seite wenden und den Reißverschluss rundherum durch alle Stofflagen festheften.

2 Den Reißverschluss von rechts rundherum dicht neben der Heftnaht feststeppen. Lösen Sie die über dem Reißverschluss liegende Heftnaht und entfernen Sie alle Heftfäden.

Der sichtbar eingesetzte Standardreißverschluss

Der Reißverschluss wird dann sichtbar eingesetzt, wenn keine Naht vorhanden ist. Dafür muss vorher in den Stoff ein Schlitz mit versäuberten Kanten, wie z.B. beim Ärmelschlitz, eingearbeitet werden (s. S. 46 f., Schritt 1–3). Die Schlitzbreite richtet sich nach der Breite der Reißverschlusszähnchen.

Legen Sie den Reißverschluss unter die Kanten des Schlitzes, sodass die Zähnchen zu sehen sind, und heften Sie ihn rundum fest. Steppen Sie den Reißverschluss von der Vorderseite rundherum dicht an den Zähnchen fest. Anschließend die Heftfäden entfernen.

Der nahtverdeckte Reißverschluss

Dieser Reißverschluss zieht sich und damit den Stoff nach innen, sodass der Bereich des Reißverschlusses wie eine Fortsetzung der Naht aussieht. Für den Reißverschluss gibt es spezielle Füßchen (s. S. 6). Die Naht unterhalb und oberhalb des Einsatzzeichens des Reißverschlusses muss noch offen sein.

1 Öffnen Sie den Reißverschluss und stecken Sie ihn an einer Nahtzugabe entlang der Markie-

rung rechts auf rechts fest, die Zähnchen sind vom Schlitz weggerichtet. Nun „fädeln" Sie den Anfang des Reißverschlusses in das Füßchen und senken den Nähfuß, die Nadel läuft beim Nähen ganz dicht an den Zähnchen. Steppen Sie die zweite Seite des Reißverschlusses ebenso fest.

2 Schließen Sie den Reißverschluss. Nun können Sie die Naht unterhalb beziehungsweise oberhalb des Reißverschlusses in Verlängerung der Reißverschlussnähte schließen.

Haken und Ösen

Fixieren Sie den Nähfaden an der Stoffkante und legen Sie den Haken so auf die Kante, dass der Haken bis dicht an die Kante reicht. Die Nadel mehrmals durch beide Befestigungsösen führen, aber nicht auf die rechte Seite durchstechen. Die gegenüberliegende Öse genauso festnähen oder einen Garnriegel (s. S. 25) nähen.

Klettband

Klettband gibt es zum Aufkleben und Aufnähen. Das geklebte Band eignet sich eher für Wohn-

accessoires, da es einer ständigen Beanspruchung wie bei Kleidung nicht standhält. Ist der Klettbandverschluss an einer Jacke geöffnet, ist das Band sichtbar. Steppen oder kleben Sie eine Kletthälfte (Hakenband) unter den Übertritt der Verschlusskante, die zweite Klettbandhälfte (Flauschband) auf den Untertritt.

Nähprojekt – Kissen im Sixties-Stil

Schneiden Sie aus Plüsch 2 Teile je 43 x 21,5 cm und einmal 43 x 43 cm zu, außerdem aus Reststoffen je einen Kreis mit 25 und 12 cm Ø. Steppen Sie die Naht der Kissenrückseite von den Seiten her je 9 cm, dazwischen die Naht 1,5 cm breit heften. Die Nahtzugaben versäubern und einen 25 cm langen Reißverschluss einnähen (s. S. 57, verdeckt eingesetzter Standardreißverschluss). Den kleineren Kreis auf die Mitte des größeren Kreises heften und rundum die Kanten mit einer Zickzackraupe (Stichlänge 0,25 mm, Stichbreite 3,0 mm) aufsteppen. Den großen Kreis genauso auf die Mitte der Kissenvorderseite applizieren. Vorder- und Rückseite rechts auf rechts legen und die Kanten rundum 1,5 cm breit aufeinandersteppen. Nahtzugaben versäubern, das Kissen wenden.

(Idee/Realisation: Husqvarna VIKING®)

Änderungen und Reparaturen

Einen Rock oder eine Hose am Bund ändern – dazu brauchen Sie keine Schneiderin mehr, das können Sie auch selbst erledigen. Auch ein Riss oder ein kleines Loch im Lieblingskleidungsstück lässt sich problemlos und so gut wie unsichtbar reparieren.

Bei Änderungen oder Reparaturen müssen häufig Säume oder Nähte gelöst werden, selbst wenn diese schon teilweise ausgerissen sind. Nehmen Sie zum Auftrennen der Steppnähte einen Trennstab, auch Pfeiltrenner genannt. Mit dessen Spitze gelangen Sie gut unter die Fäden der Naht. Schieben Sie den Trennstab bis zur Rundung durch und durchtrennen Sie mit der geschärften Rundung den Garnfaden. So können Sie vorsichtig Stich für Stich lösen. Abschließend die Fadenflusen aus der ursprünglichen Naht auf beiden Seiten entfernen.

Saum kürzen

1 Den alten Saum mit einem Pfeiltrenner oder einer spitzen Schere auftrennen und die Fadenfusseln entfernen. Probieren Sie das Kleidungsstück an und markieren Sie die neue Saumlänge. Stecken Sie den Saum rundherum mit Stecknadeln auf die neue Länge, als Orientierung können Sie den Bruch des alten Saumes verwenden. Dann probieren Sie den Rock oder die Hose erneut an. Passt die Länge, bügeln Sie die Saumkante ein und gleichzeitig die ursprüngliche Saumkante glatt.

2 Zeichnen Sie die Schnittkante mit Schneiderkreide oder selbstlöschendem Trickmarker rundum ca. 3 cm breit an. Schneiden Sie den überschüssigen Stoff weg. Anschließend die Saumkante umschlagen, bügeln und die Saumzugabe 1 cm breit eingeschlagen umbügeln. Den

Saum mit Hand- oder Maschinenstichen festnähen (s. S. 24 oder 36).

Saum verlängern

Einen Saum herauszulassen lohnt sich nur dann, wenn der Saum mindestens 2 cm breit, noch besser aber breiter als 2 cm ist. Mit dem sogenannten „falschen Saum", der aus Futterstoff gearbeitet wird, benötigen Sie hingegen nur 0,5 cm Nahtzugabe, den Rest des umgeschlagenen Saumes können Sie als Verlängerung nutzen.

1 Schneiden Sie einen 4 cm breiten Streifen in passender Saumweite plus 2 cm Nahtzugabe zu. Legen Sie die Schmalseiten rechts auf rechts aufeinander und schließen Sie den Streifen (bei Bedarf) zum Ring. Bügeln Sie die Nahtzugaben auseinander.

2 Stecken Sie den Ring rechts auf rechts auf die Saumkante, die Naht der Schmalseiten liegt bündig über der Seiten- oder Mittelnaht des Kleidungsstückes. Den Ring rundherum mit einer 0,5 cm breiten Nahtzugabe aufsteppen. Bügeln Sie die Naht, danach klappen Sie den Saumbeleg auf die linke Stoffseite. Den Beleg so nach oben schieben, dass er von der rechten Seite nicht sichtbar ist; die Bruchkante bügeln. Die obere Kante des falschen Saumes 1 cm breit nach links falten und bügeln. Fixieren Sie den Saum entlang der Bügelkante von Hand oder mit der Maschine (s. S. 24 ff.).

Rock und Hose am Bund enger nähen

Ist der Bund nur 1,5–2,5 cm zu weit, reduzieren Sie die überschüssige Weite in der hinteren Mitte. Ab 3 cm wird das Kleidungsstück an den Seitennähten geändert.

1 Den Bund an der hinteren Mittelnaht beziehungsweise an den Seitennähten zu beiden Seiten hin ca. 6 cm abtrennen. Schneiden Sie ihn senkrecht über der Naht auseinander. Die senkrechte Mittel- oder Seitennaht, an der Sie das Kleidungsstück ändern wollen, trennen Sie 10–15 cm auf. Bügeln Sie den Stoff aus. Steppen Sie den Bund an der Außenseite rechts auf rechts zu beiden Seiten des Einschnittes wieder an die Bundansatzkante.

2 Legen Sie den Bund und die Teile beidseitig der Mittel- bzw. der Seitennaht rechts auf rechts aufeinander und steppen Sie beides durchgehend enger. Dabei sollte die Stepplinie am Bund zunächst gerade beginnen und dann sanft in die alte Naht auslaufen. Die Nahtzugaben an der neuen Stepplinie auf 0,75–1 cm zurückschneiden, auseinanderbügeln und versäubern. Falten Sie den Bund entlang der oberen Kante zur Innenseite, schlagen Sie die Nahtzugabe ein und stecken Sie ihn auf der Innenseite Ihres Kleidungsstückes fest. Dann den Bund von außen festnähen.

3 Häufig befindet sich eine Gürtelschlaufe über der hinteren Mitte oder den Seitennähten am Bund. Diese müssen Sie vor dem Engernähen an ihren Nähten abtrennen. Wenn der Bund wieder fertig angenäht ist, schlagen Sie die Schlaufe wie vorher an ihrer Ober- und Unterkante ein und stecken sie über der hinteren Mittelnaht der Hose beziehungsweise den Seitennähten fest. Fixiert wird die Schlaufe an ihrer Ober- und Unterkante jeweils mit drei übereinanderliegenden Steppnähten. Orientieren Sie sich mit der Lage der Nähte an den übrigen Schlaufen am Bund, sodass danach kein Unterschied zum ursprünglichen Aussehen mehr feststellbar ist.

Reißverschluss austauschen

Reißverschluss austauschen

Auch ein kompliziert wirkender Reißverschluss in einer Jeans lässt sich problemlos ersetzen.

1 Mit einer kleinen spitzen Schere, am besten mit dem Trennstab lösen Sie alle Nähte, die mit dem Reißverschluss in Zusammenhang stehen. In diesem Fall sind das die Nähte des Belegs, die vorderen Mittelnähte und die Bundansatznaht (ca. 6 cm lang). Entfernen Sie die Fadenflusen.

2 Heften und steppen Sie den neuen Reißverschluss rechts auf rechts auf die Seite des Übertrittbelegs (Frauen links, Herren rechts). Die Reißverschlusszähnchen liegen dabei 2–3 mm neben der vorderen Mitte. Das Reißverschlussband mit dem Reißverschlussfuß aufsteppen und entlang der ursprünglichen Umbruchkante auf die linke Seite klappen. Den Reißverschluss öffnen.

3 Legen Sie das lose Reißverschlussbändchen unter die umgebügelte vordere Mittelnaht, die Zähnchen liegen neben der Bruchkante. Den Untertritt wie vor dem Austrennen darunterlegen und entlang der Zähnchen alle Lagen heften und steppen. Den Reißverschluss schließen und den Sitz überprüfen. Den Übertritt von der rechten Stoffseite her entlang der ursprünglichen Naht steppen, das Nahtende an der Mittelnaht sichern.

Risse und Löcher ausbessern

Stopfen mit dem Elastikstich
Schneiden Sie einen farblich passenden Flicken, der etwas größer als der Riss oder das Loch ist. Bügeln Sie Applikationsfolie auf den Flicken und bügeln Sie diesen unter die schadhafte Stelle. Mit dem Elastikstich steppen Sie mehrere Reihen nebeneinander über dem Loch, sodass die Reihen

ineinandergreifen; evtl. mit zwei Garnfarben, passend zum Stoff, nähen.

Triangel flicken

Bereiten Sie einen farblich passenden Flicken vor, der etwa 2 cm größer ist als der Riss. Bügeln Sie Applikationsvlies in gleicher Größe auf. Legen Sie den Flicken mittig unter die Triangel und bügeln Sie ihn von rechts auf. Dabei schieben Sie die Kanten der Triangel zusammen. Steppen Sie mit Zickzackstich entlang der Risskanten und anschließend über die gesamte Fläche.

Ausgerissenen Knopf reparieren

Bereiten Sie einen runden Flicken mit Applikationsfolie vor, der rundum 1 cm größer ist als das Loch. Bügeln Sie den Flicken unter das Loch. Nun steppen Sie von der rechten Seite mit Geradstichen kreuz und quer über das Loch. Achten Sie

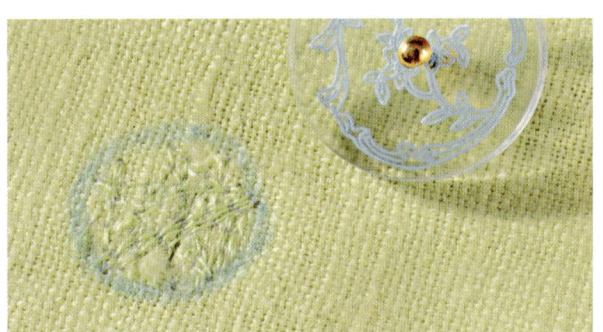

darauf, dass der Bereich, in dem Sie steppen, später durch den Knopf abgedeckt wird.

Dünne Scheuerstelle verstärken

Bereiten Sie einen Flicken mit Applikationsfolie vor. Bügeln Sie diesen unter die dünn gescheuerte Stelle. Übersteppen Sie die Scheuerstelle mit Geradstichen, die alle in einer Richtung verlaufen.

Der passende Flicken

Wenn Sie sich von schadhaften Lieblingsstücken nur ungern trennen, lohnt eine Reparatur in jedem Fall. Passende Flicken lassen sich manchmal aus einem Beleg oder einem Bindegürtel herausschneiden. Ist eine aufgesetzte Tasche oder ein Taschenbeutel vorhanden, können Sie einen Flicken an einer von außen nicht sichtbaren Stelle herausschneiden. Die Tasche entweder zunähen oder den herausgeschnittenen Stoff wie bei einem Loch ersetzen.

Stichwortregister

Ärmel 46
Ärmelabschlüsse 46
Ärmelschlitz 46, 47
Ausschnitt 43, 45
Außenecke 29

Beleg 44
Besatz 44
Briefecke 39
Bruch (Stoffbruch) 24
Bügeleisen 10
Bügeln 40
Bund 51

Einhalten 32
Einlagen 17
Einreihen 32
Einseitige Falten 53
Elastische Stoffe 34
Enger nähen 61

Fadenlauf 22
Falscher Saum 60
Falten 52
Festonstich 25
Flicken 63
Formbeleg 44
Französische Naht 33
Füßchenbreit 31

Gerade Steppnaht 28
Geradstich 26
Gerundeter Saum 38
Golffalte 53

Haken 58

Heftstich 24, 26
Hemdkragen mit Steg 42
Hohler Saumstich/
Hohlsaumstich 24, 26, 38

Innenecke 30

Jerseynadel 8

Kanten umstechen 25
Kappnaht 33
Kellerfalte 35
Klettband 59
Knöpfe 56, 63
Knopfloch 56
Knopflochautomatik 29
Kopierrädchen 9
Kragen 41
Kräuseln 32
Kunstleder 34

Lack 34
Leder 34
Links/linke Stoffseite 17
Löcher 62

Manschette 48
Maßband 9
Maßnehmen 18

Nadeln 8
Nähfüße 6
Nähgarn 9
Nähmaschine 4
Nähprojekt 27, 31, 39, 59
Naht sichern 28

Nähtisch 10
Nahtreißverschluss 57

Oberfaden 5
Ösen 58

Papierschnitt 20
Paspeltasche 54

Quetschfalte 55

Rapport 23
Rechts/rechte Stoffseite 16
Reihnaht 32, 49
Reißverschlüsse 57
Riegel 25
Risse 62
Rundung 30

Saum gerundet 38
Saum gesteppt 38
Saum kürzen/verlängern 60
Säume 38
Scheuerstelle 63
Schlitzblende 45
Schmalkantig 31
Schneiderkopierpapier 9
Schneiderkreide 9
Schnittpapier 9
Schnittvorlagen 20
Schrägband 36, 37
Schrägbandformer 37
Schräger Fadenlauf 23
Schwesternnadeln 23
Staffierstich 25
Standardreißverschluss 57

Stehkragen 41
Stoffbruch 22
Stoffe 11, 34
Stretchbund 51
Strich 23

Taillenbund 50
Tasche aufgesetzt 54
Triangel 63
Tunnelzug 46

Übertritt 41, 48
Umlegekragen 43
Unterfaden 5
Untertritt 41, 48

Versäubern 36
Verschlüsse 56
Verstürzen 39
Vlieseline 17
Vorstich 24

Webpelz 35
Werkzeug 8, 9

Zackenschere 8, 36
Zickzackstich 26, 36
Ziersteppnähte 30
Zierstich 27
Zubehör 6, 35
Zuschneideplan 22
Zuschneidetisch 10
Zwillingsnadel 8

Bildnachweis

S. 9, Nähgarne: Gütermann GmbH; S. 31, Nähprojekt: Singer®; S. 39, Nähprojekt: PFAFF®; S. 59, Nähprojekt: Husqvarna VIKING®; übrige Fotos: Inge Ofenstein